摆脱停滞感的
自我成长指南

The
Possible Self
A Leader's Guide to Personal Development

［加］马娅·吉基奇 ————— 著　薛香玲 ————— 译
Maja Djikic

机械工业出版社
CHINA MACHINE PRESS

图书在版编目（CIP）数据

成为可能的自己 : 摆脱停滞感的自我成长指南 / （加）马娅·吉基奇 (Maja Djikic) 著 ; 薛香玲译 . 北京 : 机械工业出版社, 2025. 4. -- （领教书系）.

ISBN 978-7-111-77917-9

I. C912.1-49

中国国家版本馆 CIP 数据核字第 2025JP1243 号

机械工业出版社（北京市百万庄大街 22 号　邮政编码 100037）

策划编辑：张　楠　　　　　　　　责任编辑：张　楠　　王华庆

责任校对：刘　雪　杨　霞　景　飞　　责任印制：刘　媛

三河市宏达印刷有限公司印刷

2025 年 6 月第 1 版第 1 次印刷

147mm × 210mm · 7.625 印张 · 1 插页 · 131 千字

标准书号：ISBN 978-7-111-77917-9

定价：69.00 元

电话服务　　　　　　　　　　　网络服务

客服电话：010-88361066　　　机　工　官　网：www.cmpbook.com

　　　　　010-88379833　　　机　工　官　博：weibo.com/cmp1952

　　　　　010-68326294　　　金　书　网：www.golden-book.com

封底无防伪标均为盗版　　　机工教育服务网：www.cmpedu.com

引　言

从人生的起点到终点

　　成长，是所有生命体随着时间的推移成为未来那个可能的自己的自然过程，是所有生命的特征。如果这个过程进展顺利，一切都会如行云流水般毫无阻滞。当看到泥土中的球茎长成花朵，看到幼小无助的婴儿学会说话，我们很难不为此触动。然而，这个对于花朵和婴儿来说看似简单的过程，对成年人来说则要复杂得多。成年后那个推动生命实现潜能的过程可能会放缓，有时甚至陷于停滞。

　　从出生到生命的最后一刻，我们终其一生都在成长。但我们成年后会发现，这股本应推动我们实现潜能的力量可能会停滞。我们会经历快速成长期，也会经历成长的停滞期——有时甚至长达数年。当我们在人生某个领域遇到看起来很棘手的问题并试图做出改变时，例如停止超负荷工作、找到自信、营造更好的人际关系或成为更好的领导者，我们会发现自己茫然失措。是什么让我们停滞不前？为什么我们无法改变？到底还要不要继续尝试？自我改变的战斗往往充满艰辛和痛苦，我们可能想放弃，但放弃战斗的感觉就像遗弃了那个我们可能成为的人，那个可能的自己。

我在管理学院教授人格心理学，每天都会遇到一些有所成就但在人生某些领域却陷入停滞的专业人士。他们曾多次尝试，用各种方法来改变阻滞他们前行的那部分自我，但都没有取得持久的成功。很多时候，他们差一点就要放弃，接受自己的局限，并认为那是他们的"本性"了。这本书，就是我对他们的呼吁，呼吁他们不要放弃。同时，这本书也是我对他们的一些问题的答复：自我是什么？自我成长是如何进行的？背后的原因是什么？哪些因素加速或减缓了自我成长？为什么很多人在自我成长上屡遭失败？这本书的写作目的不仅是提供一些信息，更重要的是用一些能够让我们摆脱困境、为生活带来持久改变的技巧，帮助我们彻底改变自己。

这本书的中心前提是，无论我们困顿了多久，无论我们在改变之路上行进得多么艰难，我们都可以摆脱困境，不断成长。但是，在我解释这个过程是如何进行的之前，我们有

必要先谈谈潜伏在背后的一个反向假设，这个假设否定了
终身成长的前提，那就是成年人无法真正改变他们的"本
性"。这种怀疑性的观点对自我成长有很大的破坏作用，因
为这种假设会让我们放弃自我成长。因此，我们有必要问问
自己，这种假设从何而来？有道理吗？

我们是"一成不变"的吗

我们之所以相信人们无法改变，原因之一是我们看到周
围的人就是如此。毕竟，身边很多人无论怎么努力都无法改
变自己：朋友总是在节食，伴侣们总是对彼此怒气冲冲，人
们在感情上不断重复同样的错误，老板总是固执己见。我们
也可能花了好几年的时间试图改变自己的某些方面，但每次
都是枉费力气。于是我们开始相信"我本性就是如此"。直
到 21 世纪初之前，科学家也持有同样的观点。

就在 20 世纪 90 年代，一些研究人员还在用"一成不
变"这样的字眼来描述性格。[1]研究人员认为，性格特征，
即我们与自己和他人互动的稳定方式，会在 30 岁之前定
型，不可改变。性格特征是"与生俱来的"，由基因决定，
因此无法改变。如果成年后遇到问题，我们应该集中精力
改变有问题的行为。这个观点认为，虽然性格特征（我们的

"本性")无法改变，但我们可以用意志力改变我们的行为，并努力通过养成习惯的方式来使其保持稳定。

这种看待成年人成长的观点导致人们蜂拥去做性格测试（市值高达 20 亿美元[2]）。据说这种测试能够确定我们具有哪些"性格特征"，属于哪种"类型"和"风格"，从而帮助我们了解自己到底是什么样的人。在职场中，我们经常听到这样的话：你要发挥自己的优势，因为优势是你拥有的一切，你最好充分利用自己的优势来超越自己的劣势。从这个角度看，这种成长观传递给我们的信息很明确：我们在人生中达到的"停滞期"即我们的终点。我们可以在必要时努力改变自己的行为，但除此之外再无他法。

摆脱束缚

既然如此，为什么我们有时会看到自己和周围的人发生变化呢？我们可能变得不像高中时那么害羞了，可能观察到身边的朋友随着年龄的增长变得更加稳重或更加自信了，或者看到朋友们的人生经历了彻底的转变。在职场中，有人告诉我们，我们有"潜力"，让我们去参加工作坊，培养我们的"软技能"。对于许多教练、心理治疗师、咨询师、心理学家和其他从事个人成长工作的人来说，我们可以改变这一前提是他们工作的核心依据。他们的见解与人格和神经科学领域的最新研究是一致的。

在过去的 20 年里，研究人员证明人的性格特征在整个成年期都会不断发生变化。例如，随着年龄的增长，人们往往变得更随和、更谨慎。[3] 这一点是可以理解的，因为随着时间的推移，我们的社交技能往往有所提高，也能更好地控制自己的冲动。神经可塑性领域的研究告诉我们，大脑是可以改变的，它具有可塑性。[4] 这意味着所谓固有的神经通路是可以改变的。当中风病人恢复说话能力，当我们养成了新的习惯，当我们成年后的感知力和记忆力有所增强，都意味着我们建立了新的神经通路。[5] 就这样，原本看似是成长终点的地方，突然变成一个供我们在攀登下一个成长高峰前暂且休息的平台。

不是说性格是遗传的吗？不完全是。基因赋予我们一种叫作气质的生理倾向，例如，对声音或味道比较敏感，或者对情绪刺激反应比较快，等等。后天习得的适应这种气质的方式，会让我们形成某种性格特征。例如，两个同样对声音比较敏感的人，一个可能会避免与他人接触而变成一个害羞的人，而另一个生活在音乐世家的人可能会利用这一点通过音乐与他人建立连接。**我们可以把性格特征看作生命早期在独特的环境中为了适应自己的气质而形成的技能。这意味**

着，我们在成年后可以学会与气质共处的其他方法，从而促进性格的积极发展。

我们不要把性格特征视为成长的终点，而是可以把它们视为早期的内在技能，视为我们继续成长前暂且休息的平台。我们不要把有待成长的性格特征视为我们应该接纳的局限，而是可以摆脱它们的束缚，去开发长期处于休眠状态的那部分自我。假如我们情绪不稳定，我们可以设法培养情绪的复原力；倘若我们一贯外向，我们也可以学着享受独处。这是生命的真正拓展，而不是与自我成长方向背道而驰，强行做一些表面上的改变。未得到满足的感觉往往是因为故步自封，不去探索和发展自己所谓的弱点。我们要摆脱自己的局限，继续成长、发展，不断拓展生命的边界。

重启自我成长

"人是可以改变的"这一认识引出了本书的中心主题：在不退回到原来的生活方式的前提下，我们怎样才能做出深刻的改变？成长为那个可能的自己本应是自然而然的事情，为什么我们会一败再败？了解我们为何经常失败，将有助于我们为持久的自我成长创造适当的条件。

我们无法改变，一个原因是我们常常把注意力集中在**行**

为上，也就是自我中最明显和最容易衡量的部分。行为是可以观察和量化的，这为我们提供了一个快速衡量进步的参照点。但是，自我不仅仅包括行为，还包括**大脑、情绪、动机**和储存在**身体**中的过去学会的东西。自我的这些部分就像车轮上的多个辐条，如果我们想让车轮转动而不断裂，就必须让这些辐条一起行动。如果只着眼于行为，就好比我们要让一根辐条朝一个方向移动，而其他辐条却都朝着相反的方向用力。

我们即使将着眼点扩大到行为之外，也会发现大多数现有的自我改变技术往往只关注自我的其中几个部分。例如，习惯养成方法强调行为和动机，认知行为疗法侧重大脑、情绪和行为，创伤疗法则深入研究储存在身体中的情绪和记忆。**要激活成长的自然运行并产生持久的变化，我们需要同时激活自我的五个部分。**要做到这一点，我们必须知道自我的每个部分是如何运转的，是什么让它们停滞不前，以及如何才能重新使它们向前运转。

在人生任何一个时期，我们的自我都有许多独特的、正在发展的潜能，包括身体、人际关系、智力、家庭、情感、创造力等方面的潜能，每种潜能都有自己的发展"车轮"，以自己的速度前进。有的飞速前进，有的缓慢移动，还有的早已停止运转。在本书中，我的目标是帮助你识别那些业已停止或放缓的车轮，使它们重新运转。

书中的模型根据我在多伦多大学罗特曼管理学院13年的研究和教学经验（教学对象包括学生和专业人士）总结而成。你接下来将读到的关于阿比诺夫、卡伊、埃米莉和艾莎的故事是根据学院学生和工作坊参与者的叙述写成的，他们使用本书中的方法重新启动了他们的自我成长。为了保护他们的隐私，他们的个人信息有所修改。

目　　录

第 3 部分　运转中的自我之轮

The
Possible
Self

第 1 部分

自 我 之 轮

The Possible Self

第 1 章

当自我之轮停止转动

托尔斯泰在他的文学巨著《安娜·卡列尼娜》的开头写道:"幸福的家庭都是相似的,不幸的家庭各有各的不幸。"对于个人,我们可以反过来说:当我们快乐时,我们各有各的不同,每个人都以独特的、不可复制的方式发展着自己的潜能;当我们痛苦时,我们都是相似的。我们与其他人一样,都感到自己停滞不前;我们时而疯狂地行动,时而陷入"瘫痪";我们都遭遇了挫折,都受困于焦虑、前思后想和消极的自我认知;我们都徒劳地试图避免重蹈覆辙。我们在痛苦中的境况是相似的,因为虽然我们的潜能和道路各不相同,但陷入困境的症状却普遍相似。

在了解停滞如何发生以及如何摆脱停滞之前，我们还面临着一个大问题：什么是自我？自从弗洛伊德把自我分为本我、自我和超我以来，数百名心理学家、社会学家、神经科学家、人类学家和其他以人为研究对象的专业人士都对这个问题给出了自己的答案。我的答案建立在观察的基础上：观察自我的哪些"部分"（这个概念在许多心理学理论中反复出现）对试图自我改变的人来说最重要，如图 1-1 所示。"自我之轮"这个模型的定位并非面面俱到，但它很实用，是一个能帮助我们重启成长之旅的工具。

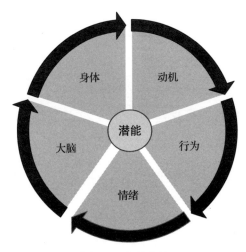

图 1-1　自我之轮

我们可以把自我视为由五个不同部分组成的轮子，这五个部分分别是：动机、行为、情绪、大脑和身体。其中，身体储存了我们过去习得的东西。

当大多数人尝试改变，比方说每周少吃几个甜甜圈，我们往往只关注行为。但我们忘了，行为受到其他几个部分的影响：动机也即愿望和欲望（想吃一个美味的波士顿奶油甜甜圈）、情绪（吃甜甜圈时感受到的快乐）、大脑（甜甜圈有多么松软和细腻），以及身体（多年的经验已经让我们养成了午饭后吃一个甜甜圈的习惯）。请注意，行为是受自我其他部分支配的。这就是为什么我们需要反过来研究自我的其他部分。

如果不考虑整个有机体，只是孤立地研究肾脏、肺和肠道，那么这样的研究毫无意义。同样，如果不从整体上理解自我，只理解自我的各个部分，也是毫无意义的。不过，正如医学院的学生会从各个单独的器官开始学习一样，我们也会在第2部分学习自我各个部分的支配机制是什么。但在此之前，我们先来看看自我之轮的运转，看看它什么时候运转良好，什么时候停滞不前。

自我之轮的运转

设想你正考虑辞去朝九晚五的项目经理工作，做一个自由职业者。你喜欢自己当老板，喜欢跟人一起做有意思的项目，喜欢灵活地安排自己的生活，并且让自己的生活更有意义。要做到这一点，仅仅改变环境是不够的。你还需要发展这一转变所需要的各方面的能力，例如在时间管理上做到自律，增强自信，培养人际交往技能以扩大自己的客户群体，还要懂得何时说"不"，避免把自己累坏。

　　当自我之轮运转良好时，自我的五个部分都处于和谐的成长过程中。在动机方面，你对自己想做的事情充满好奇心，并且有动力去研读那些能引导你实现目标的资料。在行为方面，你寻找和探索关于自由职业的文章、博客和书籍，并乐于交往那些已经拥有你理想工作和生活方式的人。快乐的感觉，也就是成长的情绪信号充斥着你的每一天，你对自己的未来充满兴奋和希望。你的创造力被激发。只要是与你想做的事情沾边的事儿，你的大脑十分专注，经常沉浸在相关的文章或视频里，直到深夜才休息。然而，尽管你废寝忘食，晚睡早起，你的身体却精力充沛、反应灵敏，并且很容易恢复精力（见图 1-2）。

　　当成长过程运行顺利时，自我的所有部分都在协同工作，都在完美地促成改变。在这个过程中，我们不必努力改变，不必运用意志力，也不必培养习惯来加固新的行为。这个过程是有机发生的，就好像自我的所有部分都在合力发展一种新的生存方式一样。当自我之轮运转良好时，我们不需要努力成长，只需要去做就可以了。

图 1-2 成长中的自我

　　自我之轮停滞不前时会发生什么？阿比诺夫是一名 46 岁的理疗师，工作 20 年来，一直极其忙碌。他顾客很多，还是诊所的总经理，所以肩负着繁重的治疗和管理任务。大多数时候，他晚上到家时孩子们都已经睡了。他们全家很少去度假，哪怕去度假时，他也焦虑不安，恨不得马上回去工作，搞得妻子好几次建议他提前回去，因为至少他走了以后孩子们还能快快乐乐地在海滩上玩几天。他知道自己的生活方式不健康，也曾尝试改变，但都没有成功。

　　时间一天天过去，他的情况越来越糟糕。他觉得与妻子的关系越来越疏远，与两个孩子的关系也不如他希望的那样亲密。他的健康状况也每况愈下。诊所的病人已经排得满满当当，但只要有人推荐病人过来，特别是老年人和康复需求复杂的病人，他仍会接收他们。在过去 10 年里，他试过很多次减少工作量，但他建立新的行为习惯的计划似乎从未奏效。朋友们都跟他说："你别再那么拼命工作了。"阿比诺夫当然也试过不再那么拼命，但他每次放松一点，都会感到内疚、焦虑和崩溃。

　　把自我改变的问题归结为行为改变的问题是自我改变的一个常见误区。我们忘记了行为受到自我的其他部分，即动机、情绪、大脑以及储存在我们身体中的旧有模式的影响。我们试图朝着一个方向改变行为（试图减少工作量），但我们的大脑、情绪和身体却在与相反的倾向（想要更多工作）做斗争，这时我们所做的就不是自我改变，而是自我分裂。我们设法移动自我的一部分，而其他部分却固执地停滞不前或是朝着相反的方向用力。这种改变让我们倍感压力、疲惫不堪，一旦回到之前的行为，我们还会充满负罪感。**要想取得成功而持久的内在改变，自我的所有部分就必须一起行动。**这样自我就可以进入无须费力的有机成长模式。

　　然而，自我一旦陷入停滞，自我的各个部分就开始出现一些截然不同的表现（见图 1-3 ）。

图 1-3　陷入停滞的自我

　　从动机上讲，我们并没有把想做的事情仅仅看成让人生更美好的事情，比如前面例子中"想成为一名自由职业者"，而是把它看成**填补生活空白的事情**。愿望可能会变得非常强烈，可能会转变为**欲求（desire）**，也就是长期无法实现的目标。这样的欲求不光影响生活中的某一部分，还会让整个生活的色调都随之黯淡。例如，每当阿比诺夫减少工作量的行动失败时，他就不能再充分享受生活中的其他部分，包括家庭、朋友还有娱乐。在与家人或朋友相处的短暂时间里，他无法全身心地投入其中。他的心思总是飘到想做又做不成的事情上去，幻想着如果工作不那么忙，生活会多么美好。就好像这件一直做不成的事情是一片乌云，他的生活全都笼罩在这片乌云之下。

这种愿望强化为欲求，其间偶尔伴随着绝望的过程，从动机层面看是愿望长期得不到满足的自然结果。当愿望长期得不到满足时，我们就会失去希望，但即便是绝望也是暂时的，因为我们的动机会不断增强，不断坚持自己的欲求，直到欲求得到满足为止。我们可以试着不再追求改变，或者在自己或他人面前伪装出不渴望改变的姿态，但欲求会再次汹涌而至。尽管我们试图放弃，但动机还是会不断增强，继续推动我们向前走。

在行为上，欲求和绝望会导致我们**时而用力过猛，时而转移注意力**。欲求让我们急于实现自己的目标，把时间和精力都投入到自我改变上。就像一个节食的人不断开始新一轮的节食一样，我们也会不停地用力过猛，但这些付出似乎永远无法让自我产生任何改变。有时候我们似乎取得了一些进展，但这些进展都是暂时的，而且时常受到反复陷入"旧我"模式的威胁。当我们陷入"旧我"模式时，我们就会停止用力过猛，开始转移注意力，放弃并设法忘记我们的欲求。

阿比诺夫不断采取各种方法来减少工作量。有时他采用从书上读到的建议，有时候听取朋友们的建议。他还聘请了教练、治疗师和其他专业人士来帮助他改变生活方式。每次尝试他都投入全部精力，每次尝试他都希望是最后一次，希望能一举改变自己的工作方式。然而，当这些方法都失败时，他会被巨大的失望和不甘心淹没，接着放弃努力，转而埋头做其他事情，好忘记自己"放弃努力"这件事。他会重拾以前的工作模式，在不工作的时候就用新闻、社交媒体或看电视来转移注意力。但过了一段时间，从未真正偃旗息鼓的欲求又会卷土重来，他又会重新开始尝试，而且尝试的力度不断升级。我们都非常熟悉这种时而用力过猛，时而转移注意力的节奏，因为我们都曾努力改变自己的行为，却在生活的重重压力下耗尽了自己的意志力。

在情绪方面，长期无法实现的欲求会渗透到生活的方方面面。我们会**害怕自己永远实现不了某个具体的目标**，或者发展为对所有活动和目标都感到焦虑。如果无法满足的愿望始终挥之不去，我们就很难放松下来，享受自己的生活。例如，即使阿比诺夫在家里和孩子玩儿，或者和妻子一起做饭，他内心也隐隐有一种挫败感。毕竟，他在那些时刻会想，如果能解决工作太忙的问题，他就能拥有更多这样的快乐时光，拥有不一样的生活。当我们感到困顿时，我们会涌出很多负面情绪，可能对自己生气、对这个世界生气，因为我们得不到自己最想要的东西。我们也会经常涌现出无望、恐惧、不安和绝望的情绪。毕竟，如果最渴望的东西永远都遥不可及，那活着还有什么乐趣？

我们的大脑往往对这样的负面情绪起着推波助澜的作用。大脑会编织出一些看法或故事，试图说明过去的失败是怎么回事。一般来说，这些故事要么是我们自己出了问题，是我们让自己的欲求永远无法实现；要么是其他人出了问题，他们是阻碍我们实现欲求的直接障碍或竞争者；要么是世界出了问题，这个世界腐败堕落且组织不当，是这个世界让我们无法实现自己的欲求。有时候，我们的大脑会产生一些不切实际的幻想，幻想着如果欲求实现了，生活会是什么样子。例如，阿比诺夫会幻想，如果他工作不那么忙，他生活的方方面面会发生多么彻底的变化。

屡次失败还有一个后果，即我们的**大脑**会反复琢磨，或是强迫性地思考如何实现目标，同时又越来越怀疑到底能否达成目标。对目标的执着会渗透到生活的方方面面，让我们无法顾及其他。当我们朝着目标前进时，也很难保持平静的心态。我们会不停地想，会不会无法实现目标？结果会不会很糟糕？成功能持续多久？例如，当阿比诺夫把减少工作量的计划顺利推行了一个多星期时，他的大脑就开始设想一些灾难性的后果：如果他拒绝的病人在别处无法得到救治，从而病情加重，甚至死亡怎么办？如果出现严重的经济衰退，他减少工作量会给家庭带来经济损失怎么办？就这样，虽然我们偶尔（部分地或暂时地）实现了我们强烈渴望的目标，但我们却无法从中获得我们所渴求的那种彻底的满足和内心的自由。

当我们想做的事情陷于停滞时，我们的大脑会玩一个把戏，那就是试图做出真正接受的样子来掩盖无望和无奈。这时候，我们内心的声音会是这样的："做不到也没什么，可能这个样子更好。不那么做，还更好呢。"但是，尽管我们不无牵强地安慰自己，尽管我们做很多事情来转移自己的注意力，让自己不去想我们最想要的东西，但放弃自己的愿望依然是不可能做到的事情。

最后，虽然这些大脑、情绪和行为上的活动都是白忙一场，但它们都会让**身体**疲惫不堪。人们很容易忘记，内心冲突带来的压力会消耗大量的能量。如果长期反复琢磨过去的失败，并且执迷于对未来的幻想，根据心理神经免疫学的研究，处于压力下的身体可能会出现疾病的迹象。[1]

我们的身体还有另外一项功能，这项功能是自我之轮在成长之路上为什么会停止运转的关键所在。身体不仅是我们在这个世界上进行各种活动的载体，它还负责把我们学会的东西储存在神经系统中。日后遇到日益复杂的情况时，我们可以从中提取之前学会的东西。这些学习过程不一定是有意识的。虽然有时候学到的是隐性的东西，但这些无形的构念仍然活跃在我们的生命中。**当我们年幼时，引起强烈情绪的**

威胁、损失和拒绝会让我们"过度学习"。阿比诺夫的父母是移民，他们为了让阿比诺夫和他的弟弟接受良好的教育，工作非常辛苦，做了很多牺牲。阿比诺夫早年的经历影响了他对工作和牺牲的看法，不自觉地总是超负荷工作。那些年幼时全家艰苦奋斗的记忆，以及难过、内疚和害怕的情绪依然鲜活地储存在他的记忆中。

很多人身体中都有这样"鲜活"的记忆，它们可能是年幼时遇到的威胁、孤独，可能是令人尴尬的事件，也可能是被拒绝的经历。研究创伤经历的科学家们发现，早年对我们造成威胁的情境依然刻印在我们的身体中，即使面对眼前的情境，我们依然会做出和过去一样的反应。[2] 这就给我们一个启示，让我们知道为什么整个自我——大脑、情绪、身体、动机和行为——会停滞不前。如果自我真的处于危险中，那么出现匆忙、担心、纠结和疲惫的反应都是合理的。虽然自我的反应是合理的，但错把现在当成过去这一做法让自己陷入了停滞。**停滞不前的自我就是陷于被扭曲的时间中的自我。**如果早期过于强烈的印记扭曲了自我与日常现实的互动方式，那么我们就不是对眼前的情境做出反应，而是对过去的情境做出反应。

现在，我们对自我陷入停滞时的情况有了更详细的了解。在探索如何重启自我的每个部分之前，我们需要反思自己的哪些部分有待进一步成长。这样做有助于我们结合自身情况学习第 2 部分的内容，把它们切实应用到我们最想改变的部分中来。在本书中，随着我们阅读的前进，阿比诺夫和其他人重启自我之轮的故事将——展开。

陷入停滞的危险信号

我们如何知道自己哪些方面需要成长呢？它们应该是一旦缺失我们就会感觉生活不完整的东西，是我们反复求而不得的东西，是让我们担忧、沮丧，让我们痴迷、疯狂，让我们绝望，最后精疲力竭的东西。我们可能会花好几个月的时间试图忘记它们，但它们却从未真正离开过我们的意识。如果这样的描述还不能让你想到什么，那么下面四个信号可以提醒你，你的自我之轮已经停止转动了。

落后一拍。强烈的愿望经常会导致我们不断与他人进行比较。如果我们对自己某个方面（财务、人际关系、健身、创造力等）的情况不满意，我们往往会打听其他人在这方面做得怎么样。跟那些比我们优秀的人一比，我们会陷入自我折磨；而一旦发现有人像我们一样"起步较晚"但仍然取得了成功，我们又觉得自己看到了希望的曙光。这就是一种"落后一拍"的感觉，一种错失关键机会的感觉，一种"船已起航"或"现在开始又有什么意义"的感觉。但与此同时，对于那些我们"落后了好几拍"的事物，我们又无法停止渴望。我们可能会觉得其他人拥有更好的事业、家庭、身体、友谊或技能，到了这个年龄（无论多大年龄），我们本该取得更大的成就，或是本应在生活中实现更多的愿望。请注意，这种"落后一拍"的感觉与年龄完全无关，20 岁的人和70 岁的人都可能受到这种感觉的困扰。

嫉妒。与"落后一拍"相关但不同的感受是嫉妒。如果一个人在某个方面有强烈的欲求，那么他周围就会经常有一些在这方面毫不费力、自然而然就能做得很好的人。比如说，不管我们赚多少钱，收支都很难摆脱"赤字"，但我们认识好几十个赚钱比我们少，可生活水平却很高的人，而且不知怎么他们的收支总是"黑字"。更令人抓狂的是，我们可能认识一些人，只要他们觉得自己缺钱，就会有大把机会和现金送上门来。又或者，我们多年来一直努力争取一段美好的感情，但在感情生活上却屡遭打击，而我们童年的朋友 20 岁就找到了她一生的挚爱，现在婚姻步入第 15 个年头，依然幸福得一塌糊涂。大多数人把这归因于运气，而且纯粹是撞上的运气，以此来强调那些幸运的朋友不该得到那么多财富，也以此来驳斥自己头脑中朋友的幸运与运气毫无关系的想法。

想要别人拥有的东西，同时又对别人拥有那些东西感到不快，虽然这种事情想起来让人不太愉快，但可以成为一个重要的信号，说明我们这一方面的成长已经陷于停滞。嫉妒不仅仅意味着把我们的生活与他人的生活做比较，甚至想要拥有类似的东西，还意味着我们乐意看到他人失败，如果他们真的失败了，我们可能会感到幸灾乐祸。当我们嫉妒时，我们可能会热切而兴致勃勃地讨论他人的不幸事件（事业失败、离婚或参与不可靠的投资导致投资失利）。这在心理学上是说得通的：如果我们认为自己无法拥有非常想要的东西，那么知道其他人也无法拥有它，我们就会感到欣慰。

虽然大多数人不愿意承认自己嫉妒，但正视和倾听我们的嫉妒对自我成长是大有裨益的事情。嫉妒凸显了我们生活中未得到满足和有待成长的部分，如果我们能够听到嫉妒所传达的信息，就能重新踏上自我成长的道路。

丝毫不起作用的建议。说到丝毫不起作用的建议，我们至少给过他人一次这样的建议，或者至少向他人寻求过一次这样的建议。比如，天生擅长某事的人，主动或应对方要求，给渴望把此事做好的人提了点建议。比如一个节俭的人给一个挥霍无度的人提了财务建议。尽管双方都心怀善意，也尽了最大的努力，但这样的建议却丝毫未起到任何作用。要么是接收建议的人没按照建议做，要么是做了，但莫名其妙地没有产生建议者所期望的任何效果。

这是可以理解的，因为不擅长某事的人会通过一个扭曲的透镜来解读天生擅长此事的人出于好意给出的建议。如果我们在某一领域成长陷入停滞时收到这样的建议，我们可能会以各种看似合理但自欺欺人的理由排斥这个建议，要么推迟到"合适的"时机再遵循这个建议，要么过于刻板或过于模糊地执行建议，以至于无法产生任何实际效果。最终，给出建议的人和寻求建议的人都可能会感到沮丧和失望。我们不妨反思一下：我们寻求最多的是什么建议？我们买了哪些自助类或励志类的书？我们在什么工作坊上花的钱最多？这种反思可能会引导我们找到自己在哪一方面仍有待成长。

有不成熟的表现。自我的谜团之一是自我在其他方面自然而然地持续成长，但在某一方面却会陷于停滞。这就是为什么一个 53 岁的职场人士，明明工作能力出色，财务状况良好，还拥有三五好友，但当恋爱被拒时，却像个 16 岁的青少年那样耍孩子脾气，被人抛弃时，像个害怕的 7 岁孩子那样退缩到自己的世界里。成年人偶尔会有不符合年龄的或不成熟的表现。如果是其他人这样，我们会向他们指出这一点。但是，当我们发现自己有不成熟的表现时，我们往往会给自己找很多借口，例如我们累了、不高兴了，或者这是别人的错。很少有人愿意仔细审视自己不成熟的一面。这是有原因的。在成长之路上陷于停滞的那一部分代表着我们最痛苦的、未得到满足的愿望，这些愿望被不断否定，有时候甚至被暂时放弃。当然，就在这个被卡住的地方，也蕴藏着最大的成长潜能。

改变的外部障碍

在开始内在改变的旅程前，我们还需要考虑一件事。在我们努力成长时，我们可能会低估我们的社交圈子对我们的变化做出的反应。在我们的社交圈子中，其他人拥有巨大的影响力，当我们内在的变化导致我们无法维持原来的社交关系，或者情况变得有点复杂时，我们就会清晰地看到这一点。

当我们进入任何一种关系，与他人成为同事、熟人、朋友、恋人或伴侣时，我们之间通常会缔结一种隐性的社会契约——两人会一直是"原来的样子"。这通常意味着，虽然时光变迁，但两人的很多价值观、情感模式、行为和信念都会保持可识别的相似性。久而久之，人们在价值观、情感模式、行为和信念方面表现出的稳定性让我们相信每个人都有不变的性格，也让我们以为自己很了解他人。

为什么"很了解他人"对我们很重要？因为这让我们相信，我们缔结的社会契约使对方的言行可以预见。知道朋友A每次都会帮助我们搬家、朋友B每次都会在我们伤心的时候来安慰我们、朋友 C 只有出去玩的时候才靠谱，是件让我们很安心的事情。如果朋友 A 突然说自己没时间，朋友 B 不安慰我们，而是开始问一些让我们心烦意乱的问题，我们会怎么想呢？我们会认为他们表现得"不像他们自己了"。如果他们继续这样下去，我们会觉得我们不了解他们了，跟他们的关系会逐渐疏远，甚至不再来往。他人的变化让我们不安，因为我们很容易由此想到，他们变了之后我们会不适应，我们对此没有准备，也不喜欢这种改变。

怎样才能合理地对待他人的持续成长？这就像明智的父母对待孩子的态度：他们知道孩子在长大，所以他们理所当然地认为，要跟上孩子的成长，他们与孩子之间的关系就必须不断变化。不管这些变化会带来多大的威胁，明智的父母都会坚持这样的理念。在成年人的世界里，我们也可以对彼此采取同样的态度，无论我们多么享受现状的安逸，我们都可以将伴侣、朋友和同事的成长视为令人振奋的机会，学着去支持和鼓励他们成长，并根据他们的变化来调整与他们的关系。

有时，我们的成长让我们很难再用之前习惯的方式来维持原来的关系。如果一对夫妇中的其中一人发现"活在当下"非常美好，而另一人更在意财务的长期安全，那么为了维持关系的融洽，他们可能需要将财务账户分开。如果一个人，其伴侣开始狂热地健身，想把大量时间花在健身上，那么这个人就不得不多跟朋友待在一起或者独处。所以说，成长带来的变化会给关系带来一些难题。

还有一种选择是我们放弃成长，对方也放弃成长，以此让关系维持原状。这就好像是说："如果你待在原地，那么我也待在原地。"因此，当你决定是否开始自己的改变之旅时，一定记住你"崭新的自我"可能会让周围的人大吃一惊，甚至感到很不自在。知道了成长会给关系带来多大的挑战后，我们可以在成长之路上的每一步都与对方保持沟通，为不断变化的关系提供最好的支持。

我们喜欢别人是可以预见的人，同样，我们也喜欢知道自己是谁。研究发现，我们会寻求可以自我验证的信息。如果我们内心相信自己是什么样的人，那么在与他人交往时就会想办法证实自己的这些信念。[3] 这种认知——性格永久不变，本性永远如一，会严重阻碍我们的成长。**我们认为的自我，往往是我们想成为的那个自我的敌人**。人性的特点是喜欢分类，用性格测试、星座解读或是领导力问卷把自己归到一个类别里。这些测试或问卷会告诉你是"内向的人""双鱼座的人"或"掌舵的人"，只要这些信息没有把我们束缚在玻璃框框里（成长是需要打破这些玻璃框框的），或许就会引发我们的一些思考。如果我们把性格视为早期习得的技能，那么成长就意味着向性格特征这个"玻璃框框"相反的一端发展。如果你一贯外向，那么你需要学着独处；如果你太过随和，那么你需要学着果断一些；如果你太过果断，那么你需要学着随和一点。

虽然我们愿意待在自己的"框框"里，甚至喜欢安于现状，但自我没有变化的感觉是一个错觉。我们的潜能会一直推动我们前进。如果我们不愿意前进，我们就必须向着相反的方向用力。看似稳定的状态其实是害怕变化和发展潜能这两股相反力量之间的一场拉锯战。在个人成长的过程中，虽然表面上看似水波不兴，但现状并非一成不变，也并非风平浪静，而是随时都可能突然滑向害怕变化的一端，或是滑向发展潜能的一端。

如何使用本书

你可以将本书当作了解自我是什么以及自我如何成长的手册，也可以把它当作自我成长指南。

如果是前者，本书可以让你深入了解自我的不同部分是如何运作的，自我成长为何会停滞，以及如何才能做到持续地自我成长。我也期待你看完本书后，能够更好地解析科学和流行读物中那些观点迥异的心理学文章。希望你能从本书中获得过硬的洞察力和专业知识，从而判断出你每天收到的无数心理学建议，哪些可能有效，在什么情况下有效，以及效果如何。

如果你把本书当作自我成长指南，那就说明你不仅对研究人性感到好奇，而且想在自己的人生中做出有意义的改变。如果你抱着这个目的，那就可以把本书作为你成长的催化剂。你可以按照自己的节奏来阅读和做练习。请把阅读和练习作为自我探索，不要把它们当作强制性的功课或烦人的事情。在努力推动自己成长的过程中，你可以尝试本书提供的方法，也可以根据学到的原则想出新的方法，总之，什么方法有用就用什么方法。有多少个人，就有多少条成长之路，重要的是你要走自己的路。

与所有生物一样，人类只要活着就会一直努力生长。这就是说，即使生长速度放缓或停滞——就像我们从一株得不到足够阳光或水分的植物身上观察到的那样，它的生长过程不会结束，只有死亡了生长过程才会结束。只要我们拥有生命，我们内在的某些东西就会不断推动我们前进和成长。与被迫对环境做出反应的动物和植物不同，人类是幸运的，我们可以利用异常强大的意识来做出必要的内在改变，从而重新安排我们的生活，促使我们不断成长。

了解自我是如何运作的以及如何促进自我的成长需要我

们付出时间和精力，并且需要相信我们拥有内在智慧，相信它会帮助我们在从未体验或极少体验到成就感的领域发挥出自己的潜力。这是可以实现的，但需要付出努力。可能你只想读一下这本书，不想做内在功课，这是可以理解的。在自我的某些领域做出改变，即使是积极的改变，也会改变你的整个人生，只有你自己才知道自己什么时候准备好了。

The
Possible
Self

第 2 部分

推动自我之轮

第 2 章

动　　机

　　什么是**愿望**？愿望是**动机系统**的力量，推动着我们去实现**潜能**。**所有愿望都是成长的源泉**，引导我们走向成长。动物和植物有生命，所以动物和植物也有潜能，但它们没有愿望，因为它们的生长是自动自发的。花卉只要有足够的空气、水分和土壤，就不需要被"推动"着生长，它们会自己生长。此外，动物和植物在生长过程中没有选择权，而人类有选择权。给狗吃顿美食，狗不会将其视为一种选择，而如果我们想吃比萨，我们可以决定吃还是不吃。

　　我们与动物和植物的另一个不同之处在于，在动物界和植物界，各个物种的所有成员都拥有相同的潜能（达尔文的生存和繁殖理论），但人类生来就具有**独特且范围更广的潜能**。我们有情感潜能、关系潜能、智力潜能、创造潜能、审美潜能和精神潜能等，而且每个人的潜能都不尽相同。所有无花果树都向着它们的单一潜能生长，即长大、结果并繁殖出更多的无花果树，但我们每个人都有一套独特的潜能，就像指纹一样，无法提前猜测到我们的未来。虽然父母会梦想他们的孩子长大后成为什么样的人，但真正掌握着潜能秘密的还是孩子自己。

我们来看一下卡伊的故事。他是软件工程师，年龄二十七八岁，从小就与体重做斗争。他小的时候，父母对他体重的态度截然不同。母亲每顿都给他做他爱吃的饭，他不高兴的时候就用他喜欢的零食哄他。父亲则想办法控制他的饮食，每天一大早就把他叫醒，逼着他去锻炼。大部分时间他都在尝试不同的节食和锻炼方法。他试过原始饮食、生酮饮食、低碳饮食、低脂饮食和断食，虽然有过一些短期成功，但一旦压力过大，他就不可避免地打破他的节食计划。在锻炼方面也一样。他试过动感单车、跑步、快走、普拉提、力量训练，甚至还请了私教。但不出几个月，他就开始缺课。如果因为出差或父母的健康突发状况缺了一次课，接下来他就会继续缺两到三次课，并决定暂停锻炼，等他有空或压力小一些的时候再重新开始。

听到关于动机的前两个假设，即所有愿望都是成长的源泉，以及每个人都有一套独特的潜能的说法，卡伊的第一反应是质疑。他说了两个很有意思的观点。第一个观点是，如果所有愿望都是成长的源泉，那么破坏性的愿望呢？比如想坐在沙发上边看电视边吃薯片和冰激凌的愿望，为了多获得一点点利益而毁灭其他物种的愿望，为了维护自己的特权而牺牲无数人利益的愿望，对毁灭无数生命的权力的愿望，这些愿望也是成长的源泉吗？卡伊无法把他深夜极度想吃垃圾食品，或坐在椅子上好几个小时不想动窝儿的想法跟"成长的源泉"联系在一起。根据他以前的经验，大多数他真正想做的事情或想要的东西都是不好的，他的任务是跟这些愿望做斗争，并用健康的东西或行为取而代之，比如吃营养师指定的食物，做教练指定的运动。

卡伊的第二个观点是，由于他无法相信自己的哪些愿望是成长性的，哪些是破坏性的，所以他无法将自己的愿望作为潜能的纽带。他觉得他的愿望并不是成长路上值得信赖的指路明灯，甚至光是想到这些愿望他都会感到困惑和压力重重。他开始相信，通往成功的最佳途径是研究成功人士都发展了哪些潜能，然后他也努力发展那些潜能。

卡伊很快就会学到如何读懂他的每一个破坏性愿望，并透过这些破坏性愿望找到成长性的核心愿望，慢慢重新学会信任他的核心愿望。但在做到这一点之前，他必须了解愿望是如何运作的，愿望是如何从成长性愿望转化为破坏性愿望的。

寻找核心愿望

愿望很少以原本的形式，而是通常以联想的形式进入我们的意识。我们可能会想"我渴了"，但我们更有可能会想"我想喝水 / 咖啡 / 苏打水"。为什么会这样呢？因为自从小时候我们开始有愿望以来，这些愿望就一直是以特定的方式得到满足的，我们围绕它们所建立的联想已经变得非常隐蔽，二者变得直接等同起来。你早上想吃面包配黄油和果酱，但你可能不记得为什么和什么时候开始把早餐与这些食物联系在一起。你妈妈可能现在还在讲你两岁时没有粉红色的毛茸茸的毯子就不想睡觉的故事，但可能连她也不确定你是从什么时候开始把毯子和安全感联系在一起的。

随着我们逐渐长大，我们开始想要更复杂的东西，例如朋友、事业和亲密关系，这些联想也变得更加复杂和隐蔽。除了自己在愿望方面的体验，我们幼小的头脑还必须设法从来自父母、兄弟姐妹、同学和老师的各种说辞中，了解到哪些愿望可以提，怎么提才能得到满足。大多数提出早餐吃冰激凌的孩子，都得听父母给他们上一课，唠叨一下一大早吃什么才合适。

　　我们可以这样来想愿望是如何发挥作用的：先找到**核心愿望**或**成长性愿望**，将它们置于一组日益扩大的圆圈的核心位置。例如，我们把对社交关系或友谊的愿望放在圆圈的中心（见图 2-1）。我们也可以反过来思考，即不想感到孤立无依或孤独。我们需要找到一种方法来满足这种愿望。根据我们出生时所处的文化、家庭、同龄群体、学校、宗教或世界几个大陆的不同，我们会开始构建关于如何实现愿望的信念和故事（**信念**的另一个说法是"**构念**"——这个术语强调观念是随着时间的推移而构建起来的，它在我们听懂语言之前就已经开始构建，并且在整个成年期都是隐性的）。

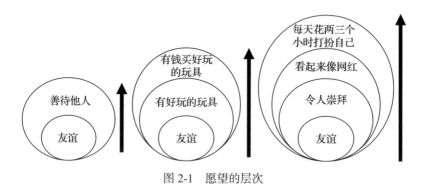

图 2-1　愿望的层次

　　在第一个例子中（最左边），我们可能会凭直觉认识到，要想获得亲密的友谊，就必须善待他人，让他们觉得跟我们在一起很开心。幼儿园的幼儿在与其他同伴交往时，可能会通过不断尝试而内化这种信念或构念。他们会内化这样的构念：打人、咬人和推人会导致没人愿意和他们玩，而友好、关心和分享则会拉近他们与其他同伴的距离。这种内化的构念是隐性的，在语言不参与的情况下也可以建立这种构念。在幼儿的案例中，愿望直接得到了满足。请注意，**愿望如果配上有效的构念或信念，这个愿望就可以直接得到满足。**随着年龄的增长，我们会更新与年龄相适应的交友构念，根据这个构念来建立其他的友谊。

但是，如果由于某种原因，我们错过了幼儿园交友这一课，难以交到朋友，会发生什么呢？如果是这样，我们的愿望仍然存在，我们会寻找其他的构念来帮助我们满足这个愿望。随着我们逐渐长大以及语言能力的提高，我们的交友构念不光是通过不断尝试形成的，还会受到周围人信念的影响。

假设我们上了小学，还在为交朋友而苦恼。我们的叔叔想帮忙，建议我们可以用好玩的玩具来交朋友（其他孩子都非常喜欢这些玩具，所以他们会接近我们）。请注意，**愿望配上无效的构念或信念会引发另一层愿望**（另一个圆圈）。请观察图2-1中间的圆圈。想要好玩的玩具会引发另一种愿望——对钱的需求。这种信念可能会一直持续到成年。虽然玩具的性质可能会发生变化，变成游艇、豪车或高档手表，但拥有昂贵的东西就会在某种程度上得到友谊的信念可能会一直存在。

　　我们接着看图 2-1 中的第三组圆圈（最右边）。想象一下，我们上高中了，仍然感到孤独寂寞。我们可能注意到，那些看起来像社交媒体上网红的孩子的身边往往围绕着一大群孩子，他们崇拜这些像网红的孩子，希望加入他们的圈子。由于渴望交到朋友，我们可能会开始相信，如果把自己打扮得像网红一些，可能会吸引到朋友。请再次注意，愿望配上无效的构念会引发另一层愿望。让自己看起来像网红的愿望可能会导致我们每天花两三个小时打扮自己。我们会购买网红推荐的产品，节食，或者花好几个小时健身。我们真正的愿望是交到朋友，但是在错误构念的误导下，我们花了大量的精力去购买产品、健身或节食。

　　什么是有效的构念或信念？答案是它们必须"起作用"，也就是实现愿望的可能性比较高。最有效的构念往往与愿望本身相关。善待他人在本质上与友谊相关，因此与有一份有趣的工作或看起来像网红相比（这两者都不是建立亲密友谊的必要条件或充分条件），善待他人更有可能带来亲密的友谊。另外，有效的构念是**自己可以做到的事情，它可以直接满足愿望，与满足愿望之间只相隔一个层次**。例如，如果想写出有创意的作品，那么单层构念就是马上着手写一些有创意的短篇作品，学习写作这门技艺（包括大量阅读，写短篇小说和诗歌等）。无效的构念则是先上一门创意写作硕士课程再开始写作。请注意，没有什么可以阻止我们接受进一步的教育，并从教育中获益，**但愿望本身要求我们现在就采取行动，而不是等到将来才施施然动手。**

无效的构念预示着愿望在遥远的未来才能实现，而且核心愿望与其他愿望关联在一起，进而引发更多愿望，这导致每个愿望都与最初的愿望越来越远。驱动整组圆圈的动力是位于最内圈的核心愿望。在图 2-1 的例子中，我们将继续由位于最内圈的"友谊"这一核心愿望衍生出其他愿望。愿望离核心越远，实现愿望时得到的满足感就越低，因为它只能在边缘位置上非常浅显地满足核心愿望。例如，在健身房健身几个小时或在网红的网络社区待好几个小时可能会让我们找到一些兴趣相投的人，产生某种融入社群的感觉。但是，由于我们仍然缺乏建立更深厚、更持久友谊的技能，因此我们不太可能完全满足拥有友谊这一核心愿望。

如此看来，成长和满足愿望的关键，在于努力挖掘并直接满足核心愿望。

没有满足感的成功

没有满足感的成功这一矛盾，即尽管我们在社会上取得了令人羡慕的成就，但仍然感到不满足和不安，通常是由于核心愿望与已经实现的外层愿望之间存在差距。离核心愿望越远，我们得到的满足感就越低。比如，我们想要自尊。我们以为买一块昂贵的名表（外层愿望）能带给我们自尊（核心愿望），但名表只能给我们带来别人的赞美（中层愿望），所以买名表这件事的效果不会很好，也不会长久。反过来，如果了解自己，并按照自己的本性行事，我们想要自尊的愿望可以直接得到满足。

我们还常常忘记，满足感的体验来自过程，而不是结果。例如，我们对友谊的愿望是通过与朋友交往得到满足的，而不是通过知道我们"有"朋友得到满足的。我们对创造力的愿望是在写作、烹饪、园艺或制作东西的过程中得到满足的，而不是在故事发表或花园完工后得到满足的。如果我们把满足视为一种结果而不是过程，我们就会努力追求那些只能间接引导我们满足愿望的目标，但似乎永远不能实现核心愿望。我们可能会得到结果，但不会得到满足感。

我们来看一下埃米莉的故事。埃米莉生于一个富裕的银行家家庭，是家中的长女。她的父亲是一位对冲基金经理，从小就让她上最好的学校，希望她能女承父业。埃米莉热爱画画，一位高中老师发现埃米莉在画画方面拥有罕见的天赋，鼓励她从事这个行业。当埃米莉向父亲说明她想上艺术学校的想法时，父亲并没有拒绝。父亲理解甚至支持她对画画的热爱。他告诉埃米莉，他年轻的时候也喜欢音乐，他拉过小提琴，现在办公室里还有一把小提琴，所以他理解她的感受。他说，如果她真想从事艺术工作，就需要有一定的经济来源。一种方法是在从事艺术工作的同时教音乐或者有一些小的副业，另一种方法是学习金融，迅速赚一大笔钱，然后全情投入到艺术创作中。埃米莉的父亲年轻时想当一名职业小提琴家的时候，埃米莉的爷爷正是这么跟他说的。这种说法让埃米莉形成了如图 2-2 所示的构念。

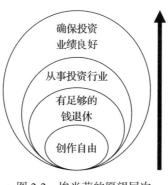

图 2-2　埃米莉的愿望层次

能够自由创作与有足够的钱退休关联在了一起，这就激发了她想从事投资行业的愿望，进而激发了她想确保投资业绩良好的进一步愿望。

我在一个 EMBA（高级管理人员工商管理硕士）班上遇

到埃米莉时，她已经年近 50 岁了，是一位非常成功的财富管理专家。她拥有令同龄人羡慕的房产投资组合，她的成就甚至超出了父亲的期望。她与丈夫、家人和一群理解支持她的朋友保持着良好的关系。不过，埃米莉注意到，她经常无缘无故地坐立不安、心生不满或心乱如麻。她一有空就查看她的投资业绩，这能让她暂时平静下来。虽然她内心深处觉得自己不是个贪婪的人，但她总觉得自己想赚更多钱。她想知道，什么东西才能让她最终感到满足。

要理解这一点，埃米莉必须将箭头向下，从外层开始向内探索，寻找哪个是她的核心愿望（使用技巧 1，我们将在本章末尾介绍此技巧）。一番工作后，她终于明白了自己痴迷金钱的背后是想自由地进行艺术创作，这时她提出了两个问题：①她年轻的时候想当艺术家，但现在已经当不了艺术家了，知道核心愿望又有什么意义？②这是不是说，为了满足核心愿望，她必须放弃自己的事业和习惯的生活方式？

这两个问题都说明埃米莉仍然认为满足愿望是一个结果，而不是一个过程。实际上，埃米莉当天就可以开始创作。无论她是否成为著名的艺术家，也无论她是继续还是放弃富裕的生活方式，她的创作愿望都可以从那天起得到满足。埃米莉忘记了，创作自由与"成为艺术家"是不同的。只要她每天能抽出 15 分钟，拿出一些绘画用品，她就能随时随地进行创作。**创作才是愿望得到满足的过程**。

埃米莉的疑问和犹豫是有道理的。如果我们一生中的大部分时间都认为，取得某种结果之后我们的愿望才会得到满足，那么当我们意识到我们过去其实随时随地都可以满足自己的愿望，将来每时每刻也都可以这样做，我们就会感到恐惧。有时候，我们总想着过去本可以达成的成就，为了不留遗憾，却错过了现在和将来去满足我们愿望的机会。

其他复杂因素

随着时光的流逝，核心愿望与它引发的一部分其他愿望或几乎所有其他愿望之间的关联已经隐而不见了。我们知道自己当下想要什么，并根据自己想要的人生结果（通常希望它们能带给我们满足感）来制定未来的目标。我们可以把目标看作关于如何达到特定结果的、精心设计的构想。例如，我们希望拥有浪漫的亲密关系，于是我们设定了一些目标，有些目标（如约会）能帮助我们直接实现愿望，有些目标（如努力拥有完美身材）则不能帮助我们直接实现愿望。

愿望和目标的区别在于，愿望是一种动力，而目标则是一个如何实现特定结果的构想。大多数人设定目标的初心都是希望实现目标后能获得满足感，但实际上未必如此。我们知道学习某门课程能增大我们晋升的可能性，即使我们不喜欢这门课，也知道晋升后的新工作不能带给我们满足感，但我们仍然设定了上课的目标。

貌似我们在设想什么会带给我们满足感时经常出现错误的判断。例如，生活在美国北部寒冷地区的人认为加利福尼亚人的快乐指数会高很多，因为那里阳光灿烂，天气温暖，但研究表明并非如此！[1] 大多数人以为中了彩票会让他们极度幸福，但研究表明，在中大奖一年后，中奖者并不比未中奖对照组的人更幸福。[2]

先制定短期目标，再逐步过渡到长期目标，可以帮助我们评估自己是否对什么能带来满足感存在误解。例如，我们可以先不搬到加利福尼亚，而是去那里住上几个月，看看是否对那里的环境更满意。如果我们想成为医生，那就去旁听解剖学和生物化学课，看看自己是否喜欢这些课程；我们也可以全天在医生的诊室里跟诊。我们应该避免的是认为实现长期目标一定能带给我们满足感。**满足感只存在于当下，而不是将来。**

反之亦然。运气好的时候，我们做了一件从未想过要做的事情（比如一份无聊的工作），但从中得到的满足感却比预想的要多得多，因为这件事情满足了某个我们根本没有意识到的核心愿望（比如获得了友谊或归属感）。不幸的是，相反的情况更常见。当我们达成某个目标后却觉得失望时，我们不会停下来向内反思并重新进行评估，而是会继续向外走，产生更多外层愿望。

我们无法准确预测什么能带来满足感，而与愿望相关的社会压力则加剧了这一问题。有人可能会教导我们，亦或我们自己通过观察得出结论：我们的愿望是不合理的。有人可能会告诉我们，我们不应该从事艺术工作而应该投身于商业，不应该献身于事业而应该关注家庭，或者因为种族、宗教、性别的原因不应该爱某个人。的确，在应该追求什么愿望方面，有太多不请自来的建议。不管真正激励我们的愿望是什么，周围的人都会试图补充或修改我们的愿望，有时候还用其他愿望完全取代我们的愿望。**我们能否发挥自己的潜能取决于我们能否紧紧抓住将我们与自己的愿望连接在一起的那根无形的线。**

我们也很容易像惯常那样给愿望蒙上一层道德的面纱，暗示物质方面的愿望总是肤浅的，而关系方面的愿望总是深刻的。很多物质方面的愿望，如关爱自己的身体或有一个漂亮的家，映射了我们对健康或美等深层次的成长性愿望。只有当物质愿望被用作实现其他愿望（如地位、尊重或人际关系）的垫脚石时，物质愿望才会误导我们，让我们陷入困境。同样，将人际关系纯粹作为实现职业晋升的手段（这是"人脉"的阴暗面）也是如此。政治候选人出于赢得竞选的愿望想要一个看起来很体面的家庭，也是物质愿望会起误导作用的例子。

要找到回到核心愿望的路径，我们就必须了解愿望是如何从成长的源泉扭曲成其他愿望或变成破坏性愿望的。到目前为止，我们了解到的信息是，核心愿望会衍生出与成长完全无关的外层愿望，并且满足外层愿望并不能满足核心愿望。但破坏性愿望是如何产生的呢?

破坏性愿望

现在，我们需要了解位于圆圈核心位置的成长性愿望（核心愿望）是如何变成破坏性愿望的，也就是想要打击、伤害、毁灭自己和他人。我们先以最基本的安全感的愿望为例。假设我们从小就被教导，要想在这个世界上感到安全，唯一的方法是用语言或体格向所有人展示我们比他们强大。在教室或工作场所，这种构念会让我们成为霸凌者。或者假设我们得到的教导是，感到身受保护的唯一方法是确保我们所属的群体（种族、民族、性别等）优于其他群体（见图 2-3）。如果我们接受了这一构念并付诸行动，那么很快我们就会想削弱（在极端情况下甚至想摧毁）其他被视为竞争对手或有威胁的群体。看一下这些教导我们如何获得安全感或价值感的构念就可以知道，无须几个步骤就可以把成长性愿望变为导致伤害性言行的破坏性愿望。

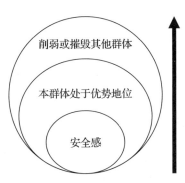

图 2-3　从成长性愿望到破坏性愿望

　　位于圆圈核心位置的是成长性愿望，如觉得安全、被关注、有价值、被爱，而破坏性愿望位于圆圈的最边缘位置。从图 2-3 可以推断，如果我们对自己的伴侣说了一句稍带伤害性的话，或者在网上匿名发表了一篇攻击移民的愤怒长帖，那么这些行为的背后在很大程度上都是因为成长性愿望没有得到满足。如果一个人在自尊方面的核心愿望没有得到满足，他可能会用粗暴的方式对待员工或孩子，希望他们的害怕能在某种程度上转化为对自己的尊重，从而设法达到满足自尊的目的。

　　务实且健康的构念能帮助我们满足基本的成长性愿望，如果偏离了这样的构念，就会形成破坏性愿望。因此，"好人"和"坏人"的说法，以及很多人认为自己是好人、其他人是坏人的想法，进一步助长了我们周围常见的破坏性力量。了解破坏性愿望是如何产生的可以帮助我们理解，如果不满足自己的核心愿望，我们也可能对自己和他人构成一股破坏性的力量。

对成长性愿望和破坏性愿望应给予同等重视，却没有意识到破坏性愿望可以通过一个路径转变为成长性愿望，也会让我们远离自己的欲求。当卡伊认为他想吃垃圾食品的愿望纯粹是"坏的"时，他觉得需要压抑或摒弃自己的某些想法。其实，他不需要躲避他的破坏性愿望，而是需要分析并接近它，以了解是哪个成长性愿望没有得到满足而激发了他的自我破坏性行为，他需要去直接满足这个成长性愿望。

要重新信任我们的愿望，第一个难题是学会看清这些关联之间的链条。明白我们为什么想伤害或毁掉**他人**之后，我们可以回过头看看卡伊的问题——他如何发展出会伤害到**自己**的愿望？毕竟，如果我们一直对不健康的零食和破坏性的关系有欲求，或者往极端里说，对处方药、赌博或性上瘾，那么我们很难对自己的愿望产生信任。什么样的关联错误会让我们产生自我破坏性行为？我们可以把这些错误的关联看作我们在满足愿望的道路上走过的两种弯路：生理上的弯路和心理上的弯路。

生理上的弯路

食物的滋养或身体疼痛的缓解让我们在心理上产生了强烈的舒适感，于是当我们遇到与此无关的事情（如孤独、事业停摆或人际冲突）时，我们都会依靠这些方法让自己好受一点。经过多年的进化，我们在吃高脂高糖食物时会感到非常快乐和满足，要知道智人这个物种至少有几百万年狩猎和觅食的历史，这是很容易理解的事情。要是你带过即将大发脾气的幼儿，你就会知道有时候避免他们发脾气的最快的方法是给他们一些高脂高糖的东西，比如冰激凌。吃冰激凌会让孩子在生理上感到舒适，从而抚平他们在情感或关系中感到的痛苦。孩子们在幼年早期就能习得这个行为。这就是有些人小时候父母用食物来安抚他们的情绪，等他们长大后也用食物安慰自己的原因，不过后果就是他们的健康受到了影响。[3]

卡伊的妈妈正是这么做的，在卡伊不开心的时候，妈妈用他最喜欢的零食安慰他，所以，小时候的卡伊就把高脂高糖的食物与对抗苦恼和孤独关联起来了。虽然愿望是从核心往外层扩展的，但是为了理解这些愿望，我们要先从外层愿望开始，找到从外层愿望到核心愿望的路径。卡伊的情况是这样的（见图 2-4）：他的外层愿望是吃不健康的食物，然后意识到不健康的食物使他感到慰藉和关爱。

图 2-4　卡伊对破坏性愿望的探索

食物能在生理上带给我们安慰，让我们感觉良好，但食物不一定能解决引发进食行为的愿望，如对抗孤独、焦虑或其他心理上的痛苦。这一点在成年后变得非常明显。

例如，如果有人跟我们分手，我们深深陷于被抛弃的痛苦中，这时我们可能会去商店买一桶冰激凌，回到家把整桶冰激凌都吃光。请注意，此时此刻我们的愿望是与关系相关的。我们可能希望这段关系奇迹般地自我修复，希望对方回到我们身边。除此之外，我们可能还想要来自某种关系的安慰，也许是给朋友打个电话，让他们跟我们聊聊天，或者给我们一个拥抱。这是我们当前最需要的心理安慰。但也许现在是深夜，朋友明早还要上班。又或者，我们和对方最近没怎么联系，现在打电话寻求支持觉得不好意思。无论如何，去商店买冰激凌要简单得多。冰激凌并不能满足关系上的需求，所以不管冰激凌有多大一桶，我们都会一直吃，直到把它吃完。但冰激凌有个好处，那就是半夜可以买到，大家第二天早上仍然可以去上班，不用为了维系友谊而劳神费力，也不用经历寻求帮助时的那种脆弱感。

这种替代能力，例如摄入食物来缓解孤独，最危险的地方可能在于身体上的疼痛和社交上的痛苦存在生理重叠机制。[4] 社会拒绝（如在社交上被排斥）会激活与身体疼痛相关的神经回路。[5] 这意味着，不管我们是摔断了胳膊，还是被恋人伤透了心，都会激活相同的深层神经回路。研究人员发现，非处方止痛药（如对乙酰氨基酚）可以减轻社交痛苦，[6] 影响人们对社交痛苦的体验。[7]

假设我们需要去医院做背部手术。除了背部受伤，我们还要面对巨大的工作压力以及孤独和寂寞。入院后，医生会让我们在术后恢复期服用止痛药来减轻疼痛。大多数人不知道的是，止痛药除了减轻身体上的疼痛外，还能减轻我们的孤独或沮丧感。我们只会注意到，一旦我们出院后不再服用止痛药，我们就会感到**更加**孤独或沮丧。身体没有疼痛但想继续服用止痛药的强烈程度取决于心理痛苦的强烈程度，因此也取决于止痛药减轻痛苦的效果。**心理越痛苦，未满足的愿望越多，就越容易受到身体和行为成瘾的困扰。**

大多数人在生活中学会了一些让自己感觉良好的方法，可以说什么方法都有——食物、药品、酒精、电视，甚至还有一些看起来让人获益匪浅的行为，如努力工作、锻炼身体，或者与朋友交往。然而，每当我们用这些能带来安慰的"东西"来减轻**与之无关**的不良情绪时，我们就错失了满足愿望的机会，而这个愿望正在向我们发出它需要得到满足的信号。如果我们感到孤独，没有朋友，那么努力工作、吃药或看电视都是无济于事的；如果我们对工作失去了热情，那么运动或与朋友一起玩也是于事无补的。当然，为了避免面对和满足愿望而转移注意力的方法有好有坏。沉迷于电视并不像沉迷于药物那样具有破坏性，但二者的基本原理是一样的。无论我们用什么东西来缓解其他问题所带来的负面情绪，它们都会成为加剧心理痛苦的帮凶。

另外，我们还要面对广告商带给我们的挑战，它们对于这种替代作用的了解程度似乎远远超过了你我中的大多数人。例如，垃圾食品和色情作品有一个重要的共同特征，即它们都是在"超级刺激因素"这种商业化理念下生产出来的东西。这些人工制造的产品夸大了自然事物的某个方面，如大小、颜色、味道等。我们先想象一个小小的鸟蛋，然后想象做一个看起来跟它一模一样，但个头像橄榄球那么大的假蛋。科学家康拉德·洛伦茨和尼科·廷伯根这两位诺贝尔奖得主在研究灰雁时就做了一个这样的假蛋。他们发现，当灰雁发现自己的真蛋旁边有一个超级大的假蛋后，就会忽略自己下的蛋，一遍又一遍地试图把假蛋推到自己的巢中，当然，这一切都是白费力气。[8] 因为"超级刺激因素"激发了灰雁的自动反应，所以灰雁在精疲力竭之前完全无法停止推动假蛋的动作，也完全忽视了自己下的蛋。

同样，垃圾食品和色情作品里面的超级刺激因素也会让人产生自动反应。大多数垃圾食品的超级刺激因素是过量的脂肪、糖和盐，大多数色情作品的超级刺激因素则结合了夸张的曲线、唾手可得的性和容易满足的性伙伴。总之，这些产品的定位就是超级刺激的产品，目的是激发人的自主神经系统，使之产生自动反应。如果一个人习惯了超级刺激的垃圾食品或色情作品，那么一段时间之后，日常食品或生活中真正的性伴侣就不再满足他们，整个过程也离最初的愿望——通过食物滋养身体或与他人有美满的性生活——越来越远。

由此看来，我们的神经系统让我们非常容易受到外界的影响：一是心理痛苦和生理疼痛在神经反应上存在重叠机制，二是超级刺激因素让我们的神经系统产生自动反应。这些弱点让我们偏离了自己的核心愿望。

心理上的弯路

不光我们的生理会催生出无穷无尽的相关愿望，我们自身的经历也会在我们的一生中接连不断地催生出相关的愿望。

例如，某个人想成为一名流行音乐家，而他见过的大多数流行音乐家都穿着某种类型的衣服，身上有某种类型的文身，那么他就会自然而然地把这样的衣服和文身同他未来的音乐生涯关联在一起。当然，我们都知道，仅仅穿上时髦的衣服和纹上文身并不能让我们成为流行音乐家，就像去古巴写作并不能让我们成为海明威一样。不过，我们是真的知道吗？

我们不妨思考一下，市面上卖出了多少本关于著名作家或著名 CEO（首席执行官）人生之路的书，无数满怀希冀的写作者或心怀抱负的 MBA（工商管理硕士）学生们仔细研读着这些书，希望从中找到对他们有所启发的细节。许多成功人士善意地认为，他们已经找到了通往成功的道路，因此希望分享自己的成功之路，将智慧回馈给人们。而我们则研究他们的生活习惯、衣着、信仰、起居作息，如果我们最后没有成功，我们就会责怪自己没有坚持那些成功人士的生活习惯。

接下来我们看看广告商。这些广告商不仅把人类在生理方面的愿望研究得极其透彻，也把关联愿望的替代作用利用到了极致。他们让受众人喜爱的运动员、歌手或演员做香水、裙子、皮带、鞋子、化妆品、抗衰老面霜等产品的代言人。当我们购买这些产品时，我们购买的是与这些运动员、歌手或演员相关联的美丽、财富、名气和魅力。广告商的另一个策略是将产品与大多数人的愿望挂钩，比如拥有朋友、与帅哥或美女建立浪漫的亲密关系，或者让自己变美，等等。一个孤独的人看到啤酒广告里一群俊男靓女在海滩上嬉笑打闹，可能会激发他对拥有朋友和亲密关系的关联愿望，从而去购买啤酒。

广告商会研究各个年龄段人群未被满足的愿望，并据此设计相应的产品。例如，中年人往往承受着婚姻的困境、孩子成长的种种问题、事业停滞不前（或不断扩张）所带来的压力。广告商知道他们想从繁杂的生活中解脱出来，因此制作了一则这样的广告：一位英俊潇洒、衣着考究的男士驾驶着一辆豪华轿车行驶在一望无际的公路上，公路的一边是高山，另一边是波光粼粼的蓝色海洋。放眼望去，只有自己，没有他人。没有脏盘子，没有脏尿布，没有争吵，无须在半夜回复电子邮件。我们想要的是广告中这位男士的简单和自由，不过我们最终买的是那辆车。

既然我们这么容易受到误导，那我们是不是应该对自己的愿望和欲求报以高度的怀疑呢？

解读愿望

由上所述可知，我们的愿望与那些能让我们成长和带来满足感的事物关联甚微。有鉴于此，我们可能会问，还值得去花力气实现这些愿望吗？是不是还不如从受人尊重和钦佩的人的愿望清单里面选择几个？

在孩提时代，我们很容易知道自己想要什么，但大多数人长大后，却开始不信任和远离自己的内心。然而，不管我们的愿望受到多大的误导和影响，不管它们衍生出多少有误导性的外层愿望，它们都是我们获得成长和满足感的唯一线索。

这并不是说我们应该满足自己所有的愿望，因为外层愿望可能会导致我们远离初心，让我们无法实现自己的核心愿望。这些外层愿望可能会浪费我们生命中的很多时光，经年累月之后才发现我们煞费苦心所取得的成就并没有带给我们真正的满足感。与之相反的另一条路，是仔细**解读这些愿望**，就像仔细查看雪地里的足迹一样，直到发现那些与核心愿望极其接近的愿望，也就是值得我们付出时间和精力去追寻的愿望。要解读愿望，就要尽力去理解我们形成外层愿望时所相信的构念是什么，这些愿望与核心愿望的关联度有多大，哪些愿望需要修改、阐释、改写，甚至从我们的愿望圈中删除。

找到核心愿望

在解读愿望时，我们会观察到一些模式。我们先来看一下这些模式，之后再介绍一种循序渐进的技巧，指导你找出自己长久以来未能实现的核心愿望。

一个方案解决所有人生问题。有时候，一个位于最外层的愿望，比如每天去健身房，对应着很多核心愿望，当然，这些核心愿望分别属于不同的愿望圈。我们来观察一下图 2-5。我们想去健身房可能是因为这能让我们身体健美（这是一个单层的愿望），但更多的时候，我们想去健身房是因为它能让我们感觉自己能吸引他人，相信这会让我们交到朋友、收获爱、获得成功和赢得自尊。

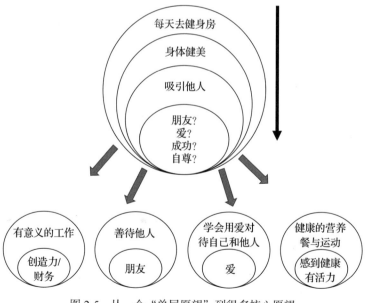

图 2-5　从一个"单层愿望"到很多核心愿望

事业成功也是如此。一个人可能认为，事业成功是满足自己所有愿望的途径：财务上的成功（因而得到安全感或自由），找到有魅力的伴侣，结交有趣的朋友，赢得父母的认可和爱等。没错，虽然事业成功可能会影响这些愿望，但它能长期持续满足的只有创造力 / 财务方面的愿望。

我们需要的不是以多个核心愿望为中心的多层次圆圈，而是多个小的愿望圈。每个小的愿望圈只有一个外层，且这一外层的主题与我们的核心愿望相关。请观察一下图 2-5 中的小愿望圈。如果核心愿望与关系有关，那么外层愿望也必须与关系有关；如果核心愿望与物质有关，那么外层愿望也必须与物质有关。

如图 2-6 所示，一生都在与食物和锻炼做斗争的卡伊在探索自己的愿望圈时，发现了一些有意思的事情。在回答他想要什么时，他说他想吃健康的食物。当他从外层向内探索核心愿望时，他发现想吃健康食物的原因是想要身体健美，避免受到羞辱和摆脱无价值感，从而感到自己是有价值的、成功的，而且是被爱着的。他的核心愿望完全与身体无关。如果卡伊要一步步实现他的这些愿望，他不仅要解决身体方面的问题，还需要去满足他找出来的核心愿望。

强烈的"相反的"愿望。如果我们有长期无法实现的愿望，我们大可怀疑自己想做的事情与声称想做的事情恰恰相反。我们想完成作业，但也想拖延；我们想戒烟，却一直吸烟；我们想吃健康的食物，但也想吃垃圾食品。既然相反的愿望也是我们想要的东西，我们也应该就此探讨一下。我们让卡伊画一个类似的图，把相反的愿望（吃不健康的食物，不锻炼）放在图的最上层，卡伊画了三组愿望圈（见图 2-7），这三个愿望圈都表明了他为什么会坚持不健康的习惯。

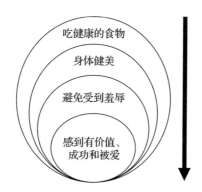

图 2-6　卡伊对核心愿望的探索

图 2-7　卡伊对相反的愿望的探索

第一个愿望圈体现了我们在"生理上的弯路"小节学到的知识，那就是食物让卡伊感到慰藉和关爱。所以，卡伊要做的第一步是找到其他能让他感到慰藉和关爱的方式，可以是跟狗玩、练习吉他，或者给朋友打电话。另外两个愿望圈表明了他吃不健康的食物和不锻炼的其他原因。中间的愿望圈表明，因为妈妈喜欢给他做饭，所以少吃饭会削弱他跟妈妈之间的关系。他现在与妈妈加强关系的方式是去妈妈家吃她做的丰盛的饭菜，除非他找到另外一种与妈妈加强关系的方式，否则他无法解决身体方面的问题。最后一个愿望圈表明，他不锻炼的外层愿望似乎与小时候父亲强迫他一起跑步有关。与父亲一起跑步的每分每秒，他都觉得父亲在强迫他跑步，而且父亲对他有很多评判。（卡伊完整的"自我之轮"请参见附录。）

与多个核心愿望都毫无关联的外层愿望与极其强烈的相反的愿望一旦结合起来，就在动机上对成长构成了强大的障碍。还记得那位想方设法减少工作量但屡次失败的理疗师阿比诺夫吗？他第一次画的图（见图2-8左侧愿望圈）看起来非常合乎逻辑——他想减少工作量，以便有更多时间陪伴家人。这是一个单层的与主题相关的图。但是，当我们让他画一个"相反的愿望"图时，有趣的事情出现了（见图2-8右侧的愿望圈）。

阿比诺夫小时候家里非常拮据。幼时的他经常看到父母为了让自己和弟弟有饭吃、有学上而含辛茹苦地工作。对阿比诺夫来说，减少工作量就像背叛了父母所做的牺牲。他认为，过度工作和做出牺牲是在向父母表达他是多么感激父母这些年来为他做的一切。如果没有学会用不同的方式来表达对父母的感激和爱，阿比诺夫接下来很多年可能还要继续徒劳地与过度工作做斗争。（阿比诺夫完整的"自我之轮"请参见附录。）

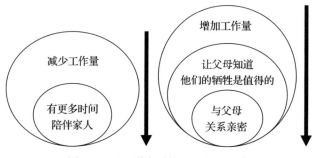

图 2-8　阿比诺夫对核心愿望的探索

因此，摆在我们面前的任务是学会拨开关联的迷雾，找到多年来一直不为我们所知的核心愿望，并找到直接而健康的实现愿望的方式。在此过程中，我们需要提醒自己两件事情：一是对生活中已经实现的愿望保持感激之情；二是记住探寻愿望并不是自私自利，而是为了将我们最突出的才能奉献给社会。

为什么要保持感激之情

对生活中的哪一方面最不满意，我们在这一方面的愿望就最强烈，注意力也往往集中在这些愿望上。如果我们在事业上停滞不前，但在感情方面互爱互助，那我们心心念念的往往是与工作相关的愿望。这是可以理解的，因为我们的大脑经过这么多年的进化，已经习惯遇到复杂的问题就反复思索，直到问题解决为止，这对人的成长是一个有益的促进。

另外，我们可能会忽视已经满足的愿望，也往往会淡忘人生中比较顺利的方面。我们通常说的"把事情视为理所当然"指的就是这一点。就拿本章前面的例子来说，过度专注于工作会让我们忽视家人或朋友。把一些事情视为理所当然的危险在于，由于急于实现自己的愿望，我们可能会减少花在人生较顺利的方面的时间和精力，从而让成长过程变得复杂和缓慢。一旦我们忽视已经实现的愿望，就说明我们开始把它们当作理所当然的事情（见图 2-9）。

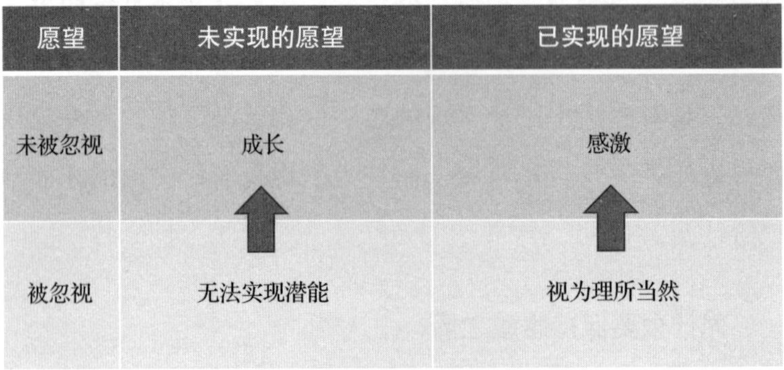

愿望	未实现的愿望	已实现的愿望
未被忽视	成长 ⬆	感激 ⬆
被忽视	无法实现潜能	视为理所当然

图 2-9 未被忽视和被忽视的愿望

对已经实现的愿望心存感激，可以让我们看见已经实现的愿望，有效地维持和保护人生已经比较顺利的方面，培养持续成长所需要的内在力量和洞察力。难怪有研究表明，心存感激是人类最本质的力量，[9] 也预示着未来的希望和幸福。[10] 对已经实现的愿望心存感激，我们就可以有意识地时时提醒自己，继续把时间和精力花在人生中进展顺利的方面。

我们还需要探讨一下图 2-9 中的一种状态——无法实现潜能。相对于无法实现潜能这个说法，"悲剧"可能是个更合适的词。自古希腊以来，我们一直将悲剧与死亡联系在一起。不过，悲剧可能更适合与无法实现潜能而不是失去生命联系在一起。如果祖母过了充实的一生，于 98 岁高龄去世，那么我们可以说祖母的去世让人难过、悲痛，或是伤感，但这不一定是个悲剧。一个儿童在事故中丧生是个悲剧，因为他的生命尚未展开，他的潜能也无法得到实现。不仅失去生命是一种悲剧，无法实现各个方面的潜能，比如关系、智力、创造力方面的潜能，会让我们感到这是一个悲剧。我们探讨核心愿望就是为了看见我们的潜能。潜能一旦被看见，就可以成为我们成长的动力。

虽然现代人热衷于实现潜能，但我们常常对引领我们实现潜能的核心愿望全然不知。与这种状态息息相关的是我们在心理上的焦虑和痛苦，这让我们很容易成为短期风尚、各种成瘾问题和广告商的猎物。事实上，正是这种焦虑和痛苦的感觉支撑起了各个庞大的经济帝国，它们的秘诀是紧紧抓住我们对衰老和死亡的恐惧。在没有满足感，又不知道如何追求满足感的情况下，我们可能想为自己"购买"更多时间。但不幸的是，各种未实现的愿望构成了一个复杂的网络，如果不知道如何解读这个网络，我们拥有再多的时间也无济于事，只不过是多了几年没有满足感的时间而已。

专注于自己的愿望自私吗

在探讨未实现的核心愿望之前，我们还有一个问题，那就是专注于这些愿望从本质上来说是自私的吗？对于这一点，我们大可不必担心。人类核心愿望的显著特点在于，很多愿望在本质上都是与关系和社群相关的。我们希望与朋友、恋人和同事建立关系。我们希望不仅围绕着家庭，还围绕着兴趣爱好、知识上的追求和宏大的人类事业建立社群，而建立这样的社群只有在很多人（包括活着的人和已逝的人）的共同努力下才有可能实现。社群传递下来的知识和智慧让我们持续蓬勃发展，不必每一代都重新发明轮子。

因此，当有人狂热地积累资源时（如积累金钱或扩张权力），驱动他们这样做的并不是他们的核心愿望，他们只是在欲望的边缘苦苦挣扎罢了。可见，执着地追求一些扭曲的构念——例如权力带来安全或者金钱带来价值，很可能会对自己、他人或社群资源造成伤害。因此，探寻我们的核心愿望可以保护我们，防止我们陷入无意识追求外层愿望的利己主义的旋涡。**个体的潜能从根本上来说是群体的潜能。**

─────────── 技巧 1：重新发现自己的愿望 ───────────

如果你想把本书作为成长指南，那么现在就可以应用我们在本章讨论过的一些概念了。每一章最后一节都是与本章相关的技巧，包括详细的分步骤指导和实例说明。

第 1 步（找出愿望）：想想你最想实现的愿望是什么，把这个愿望写在图 2-10 最外层的圆圈里。

这个愿望应该是一段时间以来你一直想要的东西，如果没有实现，你会觉得自己的生活不圆满。你可以大大方方、无拘无束地写下自己的愿望，不用顾忌你当前是否觉得自己的愿望不"现实"，或者考虑你的遣词用句能否为他人所接受。

示例：假设我们想活到 100 岁。我们可能觉得这个愿望不可能实现，有点离谱，或让人难为情，但既然我们强烈地想活到 100 岁，那就把它写在图 2-10 最外层的圆圈里。

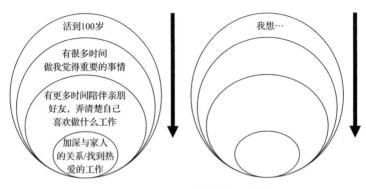

图 2-10　技巧 1a：探索核心愿望

第 2 步（探究愿望）：自问自答，朝着圆圈的中心位置向下探究——一旦最外层的愿望被满足了，你会得到什么？或者你会有什么感觉？

你的目标是探究到另一个愿望，而不是寻找一个解释或把它合理化。在层层递进时，我们不要问"我的愿望是什么？"，而应该问"我更强烈的愿望是什么？"。我们的核心愿望可以有一个以上。

示例：当我们知道自己想活到 100 岁时（图 2-10 最外层的圆圈），我们可以问自己："如果我活到 100 岁，我会得到什么，或有什么样的感觉？"你或许会这样回答："我会有很多时间，可以做现在没时间做的事情。"然后你在下面一层的圆圈里写上"有很多时间做我觉得重要的事情"。接下来，我们再次问自己："如果我有很多时间做我想做的所有事情，我会得到什么，或有什么样的感觉？"你的回答可能是："我会有更多时间陪伴亲朋好友，弄清楚自己喜欢做什么工作。"然后我们把"加深与家人的关系"和"找到热爱的工作"写到里面一层的圆圈里。请注意，如果你问自己为什么，你可能会得到一个解释，例如"我想活到100岁，因为人人都想长寿"。如果不问自己为什么，而是问如果这个愿望被满足了，我们希望得到什么，或希望有什么样的感觉，我们就会挖掘出一个更深层、更接近核心的愿望。

如何知道你已经找到了核心愿望呢？你有可能无法确切地知道，但以下事情可以为我们提供线索。外层愿望往往是一些我们只能部分控制的事情，比如让别人尊重我们的工作、找个伴侣、生儿育女、活到100岁。而核心愿望则是我们期望达到的自我的状态，因此更多地处于我们自己的控制之下，比如在工作中发挥创造力、爱自己爱他人、培养孩子、尽最大努力让自己健康地老去。如果你觉得你可能找到了一个核心愿望，但能否实现这个愿望主要取决于他人或外界环境，那就试着再探索一下。

第3步（探求相反的/破坏性愿望）：问问自己"我过去有哪些想要的东西或想做的事情阻碍了我实现核心愿望？"，把答案写在图2-11的外层，然后重复上文的第1步和第2步，直到找到核心愿望为止。请记住，无论外层愿望具有多大的破坏性，比如卡伊吃垃圾食品或阿比诺夫工作的时间越来越长，探求到圆圈的最里层位置，你会找到核心愿望，即成长性愿望，这些愿望会让你成长，让你与他人及世界的关系越来越好。

示例：尽管我们想活到 100 岁，但我们可能想从事一些危险的运动，比如在有鲨鱼出没的水域浮潜，或在雪崩频发的地区滑雪。从理性上讲，我们知道自己的行为与长寿的愿望背道而驰，但我们仍然有强烈的愿望想要这样去做。我们可以把"从事危险的或危及生命的运动"放在圆圈的最外层，然后像之前一样逐层探索。当我们从事危险的运动时，我们想要得到什么或感受到什么？我们想要肾上腺素激增。我们想从肾上腺素中得到什么？感觉更有活力，而这是我们在日常生活中感受不到的。因此，我们的核心愿望是"感觉自己充满活力"，而这是一种我们可以努力去实现的自我状态。

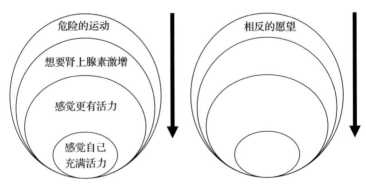

图 2-11 技巧 1b：探索相反的愿望

第 4 步（选择核心愿望）：选择一个你希望在读完这本书前能实现的核心愿望。

你可以将本书中的技巧应用于任意一个你确定的核心愿望。不过，你最好先选定一个能够在读完本书前实现的核心愿望。一旦你知道如何运用技巧来实现这个愿望，你就可以重复这个过程，用这些技巧来实现其他愿望。

示例：我们现在选择一个最迫切的核心愿望，比如"找到热爱的工作"。虽然其他愿望（如加深与家人的关系、感觉自己充满活力）同样重要，但我们最迫切的愿望是找到热爱的工作，因此，我们可以选择先实现这个愿望。

探索愿望是一个复杂、困难和高度个人化的过程。它与探索数学或科学方程式不同，因为它没有一个"正确"的答案。无论你在圆圈的核心发现什么愿望，它都是你成长的起点。无论你决定改变自己的哪一方面，只要找到这一方面的核心愿望并尊重它，你就迈出了极其重要的第一步。

The Possible Self

第 3 章

行　　为

　　完成找到核心愿望这项艰难的工作后，我们接下来该做什么呢？为什么不干脆找到正常合理的、可以直接实现的单层构念，然后只管去做？为什么我们要犹豫不决，不直接通过改变行为来实现我们的核心愿望？**这是因为当我们在某些方面陷入困境时，阻碍我们改变的因素就不仅仅是愿望，还有情绪、大脑和身体，而这使得行为上的改变难以持久。**

　　卡伊知道，通向身体健康的单层路径是合理饮食和锻炼身体，但强迫自己这么做坚持不了很长时间。埃米莉知道自己随时都可以拿起画笔和颜料画画，但她无法做到这一点。即使阿比诺夫探究了自己的愿望，知道自己只要不再接新的患者就可以了，但他总是又接下更多患者。心理、情绪和旧有的神经通路都在抵制能让我们实现愿望的行为。

本章的目的不是让我们着手开始行动，而是**恢复足够的意志力，推动"自我之轮"的其他部分运转起来**（见图3-1）。矛盾的是，恢复意志力意味着我们要**少做**，有时甚至**什么都不做**。少做过去不成功的事，可以帮助我们恢复意志力，让我们有足够的精力继续做内心的功课。不过，要想了解行为与意志力是如何关联的，以及如何恢复自己的意志力，我们必须退后一步，重新审视整个"自我之轮"。

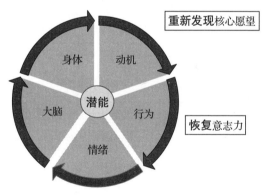

图 3-1　自我之轮技巧

任何行为，比如说从椅子上站起来去冰箱里拿东西做三明治，都是由自我的其他部分引起的：动机、情绪、大脑和身体中的旧有模式。我们可能是因为饿了（动机），可能是因为感到焦虑所以想吃点东西慰藉一下自己（情绪），或者是因为想起来昨天买了一些酸黄瓜（大脑），也可能是因为每天这个时候我们都给自己做个三明治，身体在遵循旧习惯。请注意行为是如何被自我的其他部分激发的。

所以不难理解，当我们试图改变自己的某些方面时，比如努力吃得更健康、多运动、变得更自信、提升人际关系，如果我们只专注于改变行为，而不去推动自我之轮的其他部分运转起来，往往会造成自我挫败。我们用意志力推动车轮的一根辐条朝一个方向前进，而车轮的其他辐条却朝着相反的方向前进。一段时间后，我们感到精疲力竭、心力交瘁也就不足为奇了。用意志力来推动自我之轮的其他几个部分或全部五个部分可能是更有效的方法。可是为什么我们不这么做呢？因为行为是自我几个部分中最直观的，用意志力来改变行为不算复杂，我们只要迫使自己去做事情就好了。而用意志力来改变情绪、大脑和旧的神经通路要复杂得多，也需要更多知识，我们通常还没开始探索，就已经耗尽了精力。

行为在我们注意力的范围内占据主导地位是合情合理的。社交建立在通过行为（包括肢体动作和言语）与对方互动的基础上，而这些行为会对我们产生直接和即时的影响。无论别人想要什么、想什么、感觉如何，我们都必须一一处理他们这些行为的后果。只有在亲密关系中，或许还有通过艺术，我们才能窥探到他人的内心世界，但这种窥探是透过一个模糊的透镜完成的，这让我们认为，我们看到的他们比真实的他们更像我们。[1]

我们经常根据自己的喜好来解读他人的行为。例如，如果别人说了一些让我们反感的话，我们很少考虑到他们的内心世界，很少想到是他们的愿望、想法、情绪和过去的经历导致他们那样做。相反，我们会从行为倒推到性格特征：如果他们伤害了我们，那他们一定是坏人。[2] 我们很少用这种方法来推理自己的行为。毕竟我们对自己内心的矛盾和失调非常清楚。

既然行为是社交中最受关注和最容易理解的部分，当我们想改变自我时，自然会把目标指向行为。当我们失败时，行为会让我们清楚地意识到这一点。大多数人都会不加选择地用意志力来改变我们想要控制的行为，只有在事情进展不顺利，比如重蹈覆辙或接近崩溃时，我们才会关注过程。用意志力来改变行为是最耗费精力的选择，因为它无法改变整个自我。相反，它会让我们陷入支离破碎的状态，让自我的不同部分各奔东西。

本章的核心目标是帮助我们理解意志力经济，以便我们能**充分恢复意志力，使情绪、大脑和旧的神经通路朝新的方向发展**。要做到这一点，我们必须挑战一些关于实现愿望之最佳途径的基本假设，并抑制住强迫自己改变行为的冲动。我们的目标是让整个"自我之轮"持续运转起来，这样我们新的生活方式就会自然而然地延续下去，不需要长期用习惯或意志力的力量来维持它，它只是我们新的平常的生活方式。

要恢复意志力，我们就必须了解我们是如何获得、使用和节约意志力的，这是我们进行改变所需的宝贵的能量。

意志力经济

意志力就是心理学家所说的**自我调节能力**，这种能力可以强迫自己做不想做的事情（比如在大冬天早上6点起床去跑步），或者克制自己做想做的事情（比如深夜开会快撑不下去的时候克制住自己想吃甜甜圈的欲望）。[3] 相反，做想做的事情（去看电影）和不做不想做的事情（打扫浴室）就不需要任何自我调节。只有当我们尝试做一些自我之轮**平常**不会做的事情时，意志力才会发挥作用。它是自我改变的推动力。

虽然我们现在要讨论意志力经济（获得、使用和节约意志力），但我们应该先回答一个更广泛的问题，那就是如何更好地使用意志力。如前所述，当我们需要激活停滞不前的"自我之轮"时，使用意志力最有效的方式是在情绪、大脑和旧的神经通路上下功夫，而不是直接改变行为。一旦"自我之轮"的所有部分都运转良好，我们就会发现，意志力将不再主导我们的日常活动，而是退居幕后，在需要时才发挥作用。自然成长并不需要太多意志力来维持成长过程。

那么，意志力是如何发挥作用的呢？心理学家罗伊·鲍迈斯特及其同事研究了意志力对行为的影响。研究表明，如果要求人们完成一件他们不想做的事情，然后紧接着做另一件他们也不想做的事情，那么他们在做第二件事情时会放弃得更快。例如，如果我们在工作中强迫自己做无聊的文书工作，那么在完成任务后，我们就没有那么大的意志力强迫自己拒绝一顿不健康的大餐。

鲍迈斯特的研究表明，很多行为中都存在这种效应。他的一项研究显示，如果要求参与者不吃摆在他们面前的巧克力曲奇（大多数人需要意志力才能做到这一点），那么他们随后在做无法解开的难题时就更难坚持下去。[4] 在另一项研究中，如果要求参与者看搞笑电影时控制住表情不能笑（这也需要意志力），那么他们在随后的任务中就表现出较低的耐力。[5] 在锻炼意志力时，不仅精神上的耐力受到影响，身体上的耐力（如握力）也会受到影响。在一件事情上使用的意志力越多，能用于其他事情的意志力就越少。[6]

鲍迈斯特及其同事得出的结论是，意志力的工作原理就像肌肉一样——在任何特定的时刻，我们所拥有的力量都是有限的，用掉的力量越多，它的表现就越不尽如人意。这个比喻也可以反过来说。锻炼越多，"肌肉"越强壮，久而久之，意志力也就越强。

另一个很好的比喻与杯子有关。比方说，我们早上醒来时，杯子里装满了意志力，每次做不想做的事情，就好比从杯子里倒出一点意志力。还记得上一章里的卡伊吗？他经常努力用意志力去维持健康的饮食和锻炼习惯。早上 6 点，闹钟把他叫醒，即使很累，他也会从床上爬起来。然后，他会按照营养师的建议做一杯绿色奶昔，虽然他非常不喜欢这种奶昔，但还是会喝下去。接下来，卡伊会去健身房，做一个小时私教指定的运动。他不排斥去健身房，因为他喜欢走路去健身房，也喜欢做拉伸运动，但他不喜欢力量训练，觉得既乏味又痛苦。回到家后，卡伊会洗澡、换衣服、准备健康的午餐，然后去上班。等他早上 8 点 30 分到公司时，他已经从杯子中倒出了很多意志力。现在，他必须应付同事、老板和项目。如果这一天很顺利，他很可能会坚持吃健康的午餐，甚至回到家后还有一些残余的意志力，用健康的方式过完自己的一天。

但是，如果这一天过得不顺利，比如和朋友吵架了、工作上遇到了困难，或者父母一方突发健康问题，那么他的意志力杯子很快就会倒空。这时候，他就会忘记自己放在公司冰箱里的健康的午餐，直奔街区外的一个汉堡店。到了那里，杯子中的意志力已经空空如也，他会对着他最喜欢的汉堡、薯条和汽水大快朵颐，同时内心充满了内疚和挫败感。然后，他会向自己保证，一旦目前的干扰或危机过去，他就会恢复健康的生活方式。

请注意，卡伊正在做的是最耗费精力的事情，因为他试图用意志力去控制和改变自己的行为，而不是在自我的其他部分上下功夫。然而，即使他知道了把意志力用在情绪、大脑和旧的神经通路上更有效，他也没有足够的意志力做到这一点。没有足够的意志力，我们就无法改变自然或自发的生活方式，无论是只改变行为还是改变整个"自我之轮"，我们都无能为力。因此，我们需要了解我们是如何得到、使用和保存（节约）意志力的，并学会如何充分恢复意志力，在情绪、大脑和之前的神经通路上下功夫，从而有效地重启自我之轮。

卡伊要做的第一件反直觉的事情就是停止做他在强迫自己做的大部分事情，从而节约自己的意志力（见图 3-2）。本章末尾会介绍完整的技巧 2——恢复意志力。他需要做的第二件事情是保留健康作息中不需要用到意志力的部分，也就是他本身就喜欢的部分。这就是说，他可以推迟一个小时起床（7 点左右），走路去健身房（这是他喜欢的事情）。到了健身房后，做一些他喜欢的拉伸运动，然后走路回家。另外，去掉早餐里的绿色奶昔，换成他喜欢的水果。

1. 请列出你认为能迅速实现理想结果的"用力过猛的"行为和强迫行为。
- 早上6点起床
- 早餐喝绿色奶昔
- 去健身房做私教指定的运动
- 吃健康的午餐

停止

2. 在有助于实现愿望的成长性行为中，选择一些你喜欢做的、不需要任何意志力的行为。
- 走着去健身房，走着回来
- 在健身房做拉伸运动
- 早餐吃水果

继续

图 3-2   卡伊对自己用力过猛的行为和成长性行为的分析

不再强迫自己做某些事情往往是推动"自我之轮"最具挑战性的部分。大多数人花了很多年的时间强迫自己养成新的或健康的行为习惯，而停止其中的很多行为就像是放弃或失败。此外，当我们对结果高度投入时，我们往往会**用力过猛**，试图同时改变很多行为。例如，如果我们决定开始约会，我们可能会注册三个不同的约会应用程序、加入一个俱乐部、培养新的爱好、在很多个晚上跟朋友出去玩。做这么多事情会耗尽我们的精力。如果不重新聚焦、恢复和重新部署我们的意志力，把关注点从行为转移到情感、大脑和旧的神经通路上，我们就很难推动"自我之轮"前进。

如果卡伊不再强迫自己做不想做的事情，并且停止用力过猛，那么他可以利用节省下来的时间和精力进一步恢复自己的意志力。他要做的最后一步是弄清楚哪些活动能把意志力倒回他的杯子里。

恢复意志力

很多时候，我们入睡前会觉得自己的意志力已经耗尽，但第二天早上醒来又觉得自己的杯子再次被装满，开始往外四处倾倒能量。当然，如果你那段时间处于倦怠状态，那就另当别论。一夜之间，我们的意志力就恢复了。就像疲劳的肌肉需要休息来恢复力量一样，意志力也能通过睡眠得到恢复。[7] 研究表明，除了睡眠之外，接触大自然（你喜欢的公园、高山、湖泊或大海）、[8] 正面的影响（任何能让你开怀大笑或微笑的事物）[9] 和冥想也能提高意志力。尤其是冥想，我们都知道，冥想能扩大意志力杯子的容量，而且这种扩大是长期有效的。[10] 短短 11 小时的冥想就能提高大脑中与改善意志力相关的区域的神经网络的传导效率和神经连接度。[11]

即使想象别人恢复意志力也能增强我们的意志力，这一过程被称为"替代性恢复"。不过，只有当我们相信自己想象中的人与我们相似时，这种情况才有可能发生。[12] 关于我们拥有多少意志力的内隐信念也会影响我们最终能拥有多少意志力。心理学家卡罗尔·德韦克（Carol Dweck）及其同事的研究表明，如果我们相信自己拥有更多意志力，我们最终就会拥有更多意志力；如果我们相信自己拥有更少意志力，我们最终就会拥有更少意志力。[13] 我们可以把刚才提到的接触大自然和冥想等方法看作**对所有人都有效的恢复意志力的方法**，它们在很大程度上能帮助每个人恢复意志力。

最后，所有那些**由内在动机驱动**的活动，即那些与核心的成长性愿望相关的活动，也能恢复我们的意志力。[14] 在这方面，我们有一大批**各具特色的恢复意志力的方法**可供选择。身体方面的有瑜伽、跑步、运动、远足；社交方面的有与家人和朋友共度时光、结识新朋友、参加社交俱乐部的活动；个人方面的有编织、阅读、看搞笑视频、听音乐、带宠物散步；创造性方面的有演奏乐器、写作、绘画、烹饪、有趣的工作项目；心灵方面的有祈祷、阅读启迪心灵的书籍。以上任何一项活动，以及很多还未提及的活动，都能让意志力回流到我们的杯子里。要记住的关键一点是，只有**自己**才知道什么最适合自己，因为每个人的核心愿望和潜能，以及内在动力的来源都是个人独有的，都与其他人不同。

在恢复意志力方面，有一个有意思的悖论，那就是锻炼身体或上瑜伽课这样的活动会消耗我们的体力，让我们感到疲惫，但同时也能增强我们的意志力，让我们感到精神焕发。有些活动，比如照顾孩子或做繁重但有意思的项目，有时候会消耗意志力，有时候却能恢复我们的意志力。随着年龄的增长，能让我们恢复意志力的活动也会发生变化。[15] 20 多岁的时候，可能读小说会让我们恢复到精力充沛的状态，但现在能让我们恢复意志力的活动可能变成跟朋友愉快地聊天或享受烹饪的乐趣。从动力系统的角度来看，这一点也不奇怪。当某些方面的潜能得到释放后，其他方面的潜能就会浮现出来，这就要求我们改变成长的方向。

说到让杯子重新装满能量，最适合每个人的状态、活动和互动的配置都是独一无二的，这值得我们好好透彻地研究一下如何把自己调整到拥有最佳配置的状态上。每个人最好至少列出七项**最适合自己的恢复意志力的方法**，并且把这个清单放在手边。之所以把它放在手边，是因为在你最需要的时候你可以用得上它们。这些方法花费的时间一般不一样，有的只需几分钟，比如听一首喜欢的歌；有的至少需要 1 小时，比如上瑜伽课和跟朋友见面；还有一些则需要较长时间并需要仔细做计划，比如出国旅行。把这个清单放在随手可得的地方，你就可以在你最需要的时候用这些方法把意志力重新倒回自己的杯子。

对卡伊来说，由内在动机驱动的意志力恢复清单如下：跟他的狗玩、在手机上看 15 分钟他最喜欢的喜剧演员的节目、跟朋友聊天、散步、玩电子游戏、跟同事聊有意思的工作项目、旅行。卡伊用这份清单做手机屏保，这样他就能随时提醒自己，哪怕只有短短的 10 ～ 15 分钟，也要尽力做点把意志力倒回杯子的事情。这样做的目的是尽可能多地恢复意志力，以便他能继续进行内心的功课，改变他的情绪、大脑和旧有的神经通路。

即使你没有像卡伊那样把恢复意志力作为推动"自我之轮"的一部分，把这份清单放在手边并定期做清单上的事情，也会让你保持精力充沛，防止陷入倦怠状态。

倦怠状态

如果我们一直从杯子里往外倒意志力，但不去恢复它，并且让这个状态持续很长时间，会发生什么呢？这种情况下我们将面临**倦怠**的风险。在倦怠状态下，我们会感到疲惫、失去动力、头脑昏沉、觉得无助，不管做什么都效率低下 [16]（见图 3-3）。

我们可能会不想起床，不仅对工作失去兴趣，对以前喜欢做的事情也兴趣索然，要么感到麻木，要么负面情绪泛滥。在工作中，我们的思维可能会变得混乱，过去 15 分钟就能完成的任务现在可能需要几个小时。造成这种状况的原因是长期暴露在压力之下影响了我们恢复意志力的能力。我们也可以这样想，倦怠降低了清单上那些活动帮助我们恢复意志力的能力。我们可以借助图 3-4 来理解这一概念。

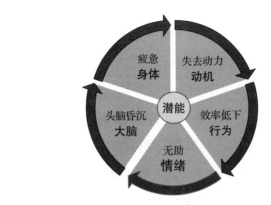

图 3-3 倦怠的迹象

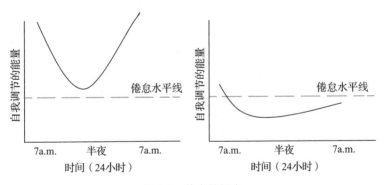

图 3-4 倦怠的概念

非倦怠状态时，我们的意志力可以用 U 形曲线来表示。早晨醒来时，我们的杯子里装满了能量，生活中的各种压力和需求让我们一整天都处于往外倒能量的状态，等到上床睡觉时，我们的意志力水平已经到了曲线的底部。睡眠是个万能的恢复意志力的方法，能在一夜之间重新装满我们的意志力杯子，第二天早上醒来后，我们又开始了一个周而复始的过程。在一个昼夜循环中使用和恢复意志力是一个复杂的过程，以上只是这一复杂过程的简单化描述，其重点在于强调在生活中平衡意志力的消耗和恢复是非常重要的事情。

如果我们开始承受更多压力，强迫自己做更多事情（想改变自己时我们往往会这样做），并且长时间处于这个状态，会发生什么呢？曾经，睡一个好觉后我们会觉得精力充沛，神清气爽，但现在一觉醒来我们会觉得疲惫、乏力。曾经，休假一周可以帮助我们深度恢复，为日后数月的高强度工作"充好电"。现在，休假刚回来两天我们就会感到精疲力竭。曾经，做瑜伽、见朋友或读小说会让我们感到非常快乐。现在，似乎做什么都让人疲惫不堪。

慢性压力会影响下丘脑–垂体–肾上腺轴（HPA 轴）的功能，而 HPA 轴对我们能否从压力中恢复至关重要。[17] 恢复能力的下降是倦怠状态的一个显著特征，会对我们产生严重影响。恢复能力下降，就好比意志力杯子的底部出现裂缝，无论倒入多少意志力，都无法再重新将它装满。到了这一步，仅仅做一些恢复意志力的活动已经不够了，我们需要修补杯子，也就是说让身体恢复自我调节能力。比起非倦怠状态下为了预防倦怠而采取的一些措施，在倦怠状态下我们需要采取断然措施，让消耗意志力的活动和恢复意志力的活动重新取得平衡。

我们一般认为有压力的场景消耗意志力，让我们恢复活力的活动恢复意志力，但倦怠状态迫使我们进行更深入的反思。我们不仅要减少压力源并恢复意志力，还要改变我们对自己、他人和世界的看法和感受。为什么我们会觉得自己必须忽视生活中逐渐显现的一系列倦怠症状？为什么我们觉得必须"挺过去"？倦怠状态是否正在成为社会的一种常态？这些不仅是个人问题，也是一个社会问题。或许我们该反思一下我们的集体生存策略了，我们把意志力运用到了最大限度，总是在杯子底部只剩一点意志力的时候还拼命做事。无论对个人还是社会来说，对这些问题视而不见都是危险的。在恢复意志力的能力受损的情况下，如果再承受更多压力，身体势必会生病，个人和社会都要为此承受相应的后果。[18]

意志力总是越多越好吗

凡是想到意志力，许多人就认为只要拥有更多意志力，就能解决生活中的所有问题。毕竟，意志力之所以被称为一种"力量"，就是这个原因。我们知道，如果我们起得比谁都早，平静地忍受可怕的早高峰，对不喜欢的同事微笑，吃难吃的羽衣甘蓝沙拉，午休的时候锻炼身体，做自己觉得乏味的项目，在血糖低的情况下进行艰难的谈判，然后回家耐心地辅导孩子做作业，我们就几乎是超人了。既然都做到这一步了，为什么不利用晚上的时间学点有助于事业发展的课程呢，再拿个证书？我们可能认为，只要拥有无限的意志力，人类的所有局限都将不成其为局限。肌肉的隐喻巧妙地说明了这种观点：越多越好。

　　不过，哪怕是幻想自己拥有无限的意志力也不都是光明一片，也有其阴暗的一面。我们中的很多人确实把意志力用到了极限，一旦发生意想不到的麻烦事，就有可能走向崩溃。这时我们可能没有足够的意志力去健身房锻炼、忍住不抽烟或是不吃第三片比萨。从这个角度看，意志力是为了防止对自己和他人做出破坏性行为。从短期来看，它的确可以发挥这样的作用。就像服用止痛药缓解头痛一样，意志力可以帮助我们在不伤害自己和他人的情况下渡过难关。不过，相信意志力是生活中无可争议的积极力量却是一种误导。

　　如果我们相信人类的核心愿望和内在冲动大部分都是破坏性的（同意坦尼森所说的大自然是个"红牙利爪"的地方，或者同意弗洛伊德所说的性冲动和攻击冲动支配着我们的潜意识），那么我们也可以相信只有通过文明的意志力的力量，我们才能实现真正的人性，这在逻辑上是顺理成章的。然而，本书的核心观点是，尽管我们在追求外层欲望时会变得具有破坏性，但我们内心深处充满好奇心，是富有创造力、亲和力和聪明才智的人，并且在内在动机的驱动下不断成长，不断走向自我实现。

当我们处于最佳状态和最快成长期时，意志力在我们的生活中不起主要作用，只是起一些次要作用而已。 这意味着我们每天做的大部分事情都是我们想做的，偶尔会强迫自己做不喜欢的事情。比如，我们热爱自己的工作，但偶尔也不得不强迫自己去做一些枯燥的文书工作。再比如，满意度再高的关系也会偶尔出现点风波。在这些情况下，满足感是主要状态，意志力只起到次要作用。

如果意志力在我们的生活中起主要作用呢？这就说明我们的生活存在较大的问题。如果我们的意志力使用指数高于平时——例如从事一份不喜欢的工作，陷在一段不再适合自己的关系中，或者承担了太多照顾他人的责任——那么每天这些需要使用意志力才能做到的行为会让我们时刻处于疲惫之中。这意味着，用到的意志力越多，就越有可能陷入（并困在）了困难且令人疲惫不堪的境况中。意志力彻底耗尽可能是自我发出的严厉警告，提醒我们需要改变自己的生活。当然，意志力耗尽只是提醒我们改变生活境况的一个信号，但这是一个重要的信号。我们必须提醒自己，永不耗竭的意志力会让我们过上自己可能并不喜欢的生活，并一直困在那个轨道上。

意志力是自我改变的必要因素，但意志力是提升我们的生活还是让生活停滞不前，要看我们如何使用它。如果我们用意志力让自己继续留在破坏性的境况中，那么意志力可能会毁掉我们。如果我们用意志力来控制自己的行为，它会耗尽我们的精力，并让我们一直处于内耗状态。如果我们用它来推动整个自我之轮，重启我们的成长之路，就像我们在本书中希望做的那样，它可能会带给我们一种自然的发展动力，让我们持续前进，不需要每一步都使用意志力。如果轮子陷于停滞或静止状态，那么让轮子重新运转起来需要耗费的能量是最多的。本书介绍的技巧旨在让自我之轮再次运转起来，让这个自我成长的过程一直运转下去。当自我之轮处于持续运转状态时，我们会继续用到意志力，但它不是我们生活中的核心力量，而只是作为次要力量，用来支持由内在动机所驱动的自我成长过程。

时间和精力的窃贼

要努力达成让自己完全恢复意志力的目的，我们还有最后一项任务，那就是鉴别我们是否做了一些自认为能恢复意志力的活动，但实际上这些活动只是转移了我们对深层负面状态和情绪（烦躁、无聊、焦虑等）的注意力。例如，上班的时候刷一整天社交媒体可能会让我们感觉良好，因为它转移了我们对压力巨大的工作环境的注意力。请注意，这样做不会让我们恢复意志力，反而可能适得其反。它只会转移注意力，而不是恢复意志力。

如何分辨一项活动是帮助我们恢复了意志力，还是只是转移了我们的注意力呢？我们需要在活动结束后关注一下自己的精力情况，是觉得自己精力充沛、心情振奋，还是更加疲惫呢？我们沉溺在其中的时间是否远远超出了完成既定目标（获取信息）所需的时间？另外，我们还需要清楚自己最喜欢做哪些事情来转移注意力。在感到有压力、焦虑或不安时，我们最先去做什么？刷新闻，浏览 Instagram，去冰箱里找东西吃，还是开一瓶酒？大多数人在成年期都已形成了一些常用的转移注意力的方法，反思一下，大概就可以知道你都有哪些方法了。

请注意，同样一项活动，因为参与原因的不同，可能有时候起到恢复意志力的作用，有时候起到转移注意力的作用。例如，卡伊喜欢解决问题型的探索性电子游戏，如果他玩游戏是因为出了新游戏，他很兴奋，那么他玩完后会觉得精神振奋、精力充沛。但如果他是为了拖着不做其他事情，或是因为烦躁不安而玩游戏，那么他就会玩得太久，而且玩游戏的时候还不能集中注意力，最后玩完了觉得非常疲惫。

卡伊恢复意志力的最后一步（见图 3-5）是找出转移注意力的活动，转而做恢复意志力的活动。下面是他完整的意志力恢复图。

> 1. 请列出你认为能迅速实现理想结果的"用力过猛的"行为和强迫行为。
> - 早上 6 点起床
> - 早餐喝绿色奶昔
> - 去健身房做私教指定的运动
> - 吃健康的午餐
>
> 停止

> 2. 在有助于实现愿望的成长性行为中，选择一些你喜欢做的、不需要任何意志力的行为。
> - 走着去健身房，走着回来
> - 在健身房做拉伸运动
> - 早餐吃水果
>
> 继续

> 3. 在左边一栏列出你在感到不安、焦虑、沮丧时转移注意力的活动，在右边一栏列出可以让你恢复意志力的活动。
>
> | 转移注意力的活动 | 恢复意志力的活动 |
> | --- | --- |
> | · 安慰性进食 | · 跟狗玩 |
> | · 浏览社交媒体 | · 看喜欢的喜剧演员的视频 |
> | · 玩电子游戏（由于心烦）➡ | · 跟朋友聊天 |
> | | · 跟同事聊项目 |
> | | · 玩电子游戏（全神贯注时） |
>
> 替代

图 3-5　卡伊的意志力恢复图

请注意，转移注意力的活动通常不需要用到意志力，因为这些活动能立即缓解负面情绪带来的痛苦，但也正是因为这样，它们会让人上瘾。另外，因为它们占用了恢复意志力的活动的时间，所以它们也属于消耗意志力的活动。长时间沉溺于转移注意力的活动会让我们无法恢复意志力，不能重新把意志力倒回杯子里。这种危险在我们的生活中不断上演。例如，忙了一天回到家里，我们知道自己需要休息，然而夜深了我们仍在不停地浏览新闻或社交媒体。这不是恢复意志力的方法，浏览一小会儿还不觉得怎么样，但时间越长，我们就越觉得疲惫无力。因此，恢复意志力的最后一步，是用恢复意志力的活动来替代转移注意力的活动。

我们再来看一个例子，看看在实际生活中如何恢复意志力。艾莎是一名 32 岁的工程师，想晋升到公司的某个领导职位。虽然她偶尔觉得自己是个"冒牌货"，觉得自己配不上那个职位，但她仍然认为自己的技能高于那些已经得到提拔的人。在两次晋升申请被否决后，她的上司说她没有领导"风范"，在会议上显得胆怯和不自信，要想晋升，她需要掌握更多领导技能。艾莎怀疑，老板不愿意提拔她可能是因为她的肤色——她是公司里为数不多的有色人种女性之一，但她不确定。她无法相信自己的直觉，于是她选择相信老板的话，努力提高自己的"风范"。

艾莎是从行为的角度来理解老板的反馈的。她给自己下达了任务，无论自己有多不自在，以后每次开会都要至少发言三次。她上班比同事早，下班比同事晚；晚上、周末和节假日都坚持回复电子邮件；遇到新项目就主动请缨。她强迫自己做这些事情，但时间越长越觉得精力不济。虽然艾莎感到疲惫不堪，但她认为一旦升职，她就会恢复过来。艾莎有点用力过猛了，她拼命调动意志力来改变自己的行为，以此达到晋升的目标，但她所有努力的结果却是被这么多项目搞得负担过重、精疲力尽。

请注意，当我们处于"用力过猛"的状态时，我们会狂热地做事情，无法对活动做出恰当的判断和调整。在旧项目上重整旗鼓，并且相信"这次一定能成功"的做法很可能不堪一击。我们可能会拘泥死板地执行计划，生活中的所有其他事情都要给它让位。尽管如此，在猛烈而短暂的突击后，或者在咬紧牙关坚持了一段时间后，我们仍然有可能失去那股做事的劲头。

工作不忙的时候，艾莎会利用她有限的空闲时间在领英上浏览那些拥有她梦寐以求的职位的人，想方设法了解他们是如何得到那个职位的。不用说，这往往让她感到更加心力疲惫，于是她会给朋友或家人打电话，抱怨工作上的事情，或者叫个比萨，调出最喜欢的电视节目一直看到深夜。她的睡眠也受到了影响，有时候凌晨四点就醒了，再也无法入睡，于是就起来查邮件，提早开始一天的工作。这些是她转移注意力的做法，这些做法让她没有时间真正恢复自己的意志力。

每个人都有自己的方法来转移注意力。有人可能去社交媒体上看看自己的帖子有多少人点赞，有人可能抽烟、安慰性进食，或者看电视。任何能给我们带来安慰但不能让我们恢复意志力的事情，都是转移注意力的事情。我们甚至会做一些表面上看起来很有收获的事情来转移自己的注意力，比如运动、旅行、工作或阅读。要区分它们是否真的会带来收获，关键要看我们做这些事情是为了摆脱烦躁、无聊或焦虑的感觉，还是因为我们发自内心地想运动、旅行或工作。后者是有助于成长，有助于恢复意志力的。

艾莎开始做内在的功课，她完成了技巧 1（重新发现自己的愿望），并找到了她的核心愿望——感受到自我价值，能够充满信心地为组织创造价值和做出贡献。从"行为"出发来推动自我之轮，她必须恢复足够的意志力，才能继续做情绪、大脑和身体方面的功课。现在，她需要做一件非常困难的事情：停止做某些事情。首先，她必须找出之前为了实现目标她都强迫自己做了哪些事情，并且全部**停止**。其次，她必须**继续**做一些有助于实现核心愿望的事情，她必须从内心觉得这些事情有回报，因此不需要动用意志力。最后，她必须找出转移注意力的活动，并且**用能让她恢复意志力的活动来替代它们**。图 3-6 是艾莎完整的意志力恢复图。

1. 请列出你认为能迅速实现理想结果的"用力过猛的"行为和强迫行为。
- 每次开会都至少发言三次
- 每天早到公司，最后一个离开公司
- 晚上、周末和节假日也回复邮件
- 主动承担老板提到的新项目

停止

2. 在有助于实现愿望的成长性行为中，选择一些你喜欢做的、不需要任何意志力的行为。
- 每天早到公司
- 下午6点前回复完收件箱里的所有邮件，到第二天早上之前不再回复邮件
- 主动承担特别感兴趣的项目

继续

3. 在左边一栏列出你在感到不安、焦虑、沮丧时转移注意力的活动，在右边一栏列出可以让你恢复意志力的活动。

转移注意力的活动
- 浏览同事的领英资料
- 看重播的电视节目
- 安慰性进食
- 向家人和朋友抱怨

恢复意志力的活动
- 研究行业的新技术
- 看有趣的电影
- 跟朋友一起去体验新开的餐馆
- 学习新的语言

替代

图 3-6　艾莎的意志力恢复图

　　请注意，艾莎保留了她以前的一些行为习惯，比如早点去上班、尽量在下午 6 点前回复完邮件，自愿请缨参加她特别感兴趣的项目。这些都不需要任何意志力，因为是她喜欢做的事情。她停止做的是那些为了给老板留下好印象而强迫自己做的事情。这些措施节省了她大量的意志力，让她走上了恢复意志力的道路。最后，在她找出转移注意力的行为

（浏览领英、安慰性进食、看电视等），并且用能让她恢复意志力的行为替代它们后，她开始觉得不那么疲惫了。

当艾莎不再为了实现欲求而强迫自己做事情后，她就可以不再从自己的意志力资产负债表中透支意志力了。每停止一件用力过猛的事情，每次用恢复意志力的活动来代替转移注意力的活动，她意志力杯子里的水位线就越来越高。很快，她就可以着手解决阻碍她继续成长的其他部分了。这里的悖论是，为了持续推动自我之轮的运转，我们必须停止那些我们自以为能直接实现愿望的行为。我们还必须找到和取代那些转移注意力的活动，它们不仅窃取了我们的时间，还破坏了我们恢复意志力的能力。只有当我们恢复足够的意志力，并且感到意志力在重新注满我们的杯子时，我们才能投入下一阶段的内心功课。

超越习惯

在逐步介绍如何使用技巧 2 之前，我们还要探讨一个问题。当我们处于最佳状态，也就是自我之轮运转良好时，我们把意志力作为成长中的次要力量而非主要力量是什么意思？意志力的概念经常与**自我驱动**的概念相混淆。自我驱动是一种状态，在这种状态下，我们把意志力用作次要力量，用它来支持由内在动机驱动的活动。

任何职业、活动或关系，无论对我们多有吸引力，都会包含我们不喜欢的部分。比方说，一名篮球运动员每天训练时必须做 100 个俯卧撑。她可能喜欢打篮球，但不喜欢做俯卧撑。在自我驱动的状态下，只有活动的某些部分才需要用到意志力。球员不需要强迫自己打篮球，只需要强迫自己做俯卧撑，而做俯卧撑有助于她打好篮球。每一项由内在动机驱动的活动都在向杯子里注入意志力，也在从杯子里往外倒意志力，前者是指活动本身，后者是指一些强制性的辅助行动。意志力的这种动态恢复和消耗几乎是同时发生的。这就是为什么无论要求多么苛刻，无论需要付出多少意志力，人们仍然会积极从事真正热爱的活动。

知道我们的核心愿望是什么（见第 2 章）对这一过程至关重要，因为核心愿望是由内在动机驱动的活动或成长性活动的源泉，而这些活动是能恢复意志力的。热爱舞蹈艺术的舞者发现跳舞能往他们的杯子里注入意志力，但他们不一定喜欢早上 6 点起床排练，也不一定喜欢面对职业生涯中可能遭受的伤痛。这些都是围绕在由内在动机驱动的活动周边的问题。如果我们从事的是自己喜欢的、能使自己得到成长的活动，那么这项活动本身就会带给我们更多意志力，即使这项活动涉及一些我们不一定喜欢的事情，而且这些事情需要动用一些意志力才能完成，我们也是愿意的。

如果我们对某项活动没有内在动机，那么只要与这项活动沾边的事情都会消耗我们杯子里的意志力。这也许就是我们很难在不喜欢的事情或职业中出类拔萃的原因之一。不喜欢这份工作的我们在消耗自己杯子里的意志力，而喜欢这份工作的同事却在不停地往他们的杯子里注入意志力，虽然他们不喜欢这项工作的一些周边事务，但注入的意志力总比倒出的多。这也解释了为什么那些不喜欢自己工作的人很难超越那些喜欢自己工作的人。

内在动机之所以是"内在的"，是因为它们位于我们在第二章中探讨的愿望圈的核心位置。人类成长的能力是没有止境的，所以我们可以观察自己在某件事情上消耗了多少意志力，由此发现内在动机的微妙变化。意志力杯子会如实反映内在动机的变化。如果几年前你最喜欢的事情是在大型聚会中结识有趣的新朋友，而现在却觉得这些聚会越来越枯燥乏味，那么你就需要仔细观察这种变化意味着什么。这意味着在大型聚会中社交无法再激发你的内在动机。观察我们意志力"消耗"的变化可以提醒我们，我们的动机系统发生了有意义的变化，相应地，我们的成长也发生了有意义的变化。

那么习惯呢？习惯不就是为了不消耗意志力，让意志力杯子一直保持满杯吗？但事实证明，虽然习惯不消耗意志力，但它们也不能恢复意志力，而且当我们的成长需求发生变化时，习惯并不会随之变化。

在没有考虑应该做什么的时候所做的事情就是习惯。研究表明，当处于压力之下或处于无意识的"自动驾驶"状态时，我们就更有可能在过去的经历和情境的提示下做我们习惯做的事情。[19] 如果我们习惯不吃早餐，我们就会不吃早餐。如果我们有吃健康早餐的习惯，我们就会吃一顿健康的早餐。从某种意义上说，习惯是不需要身心投入也能完成的一系列行为。它会自行发生。我们可以把习惯理解为过去做过很多次的"固定下来"的选择，当我们没有足够的能量时，习惯就会自行发生。

想想我们大多数时候有多疲惫，就很容易理解为什么我们这么推崇好习惯了。我们想知道，当我们处于自动驾驶状态时，我们做的事情都是正确的和有益的。在锻炼和饮食方面也是如此。大多数自我成长的建议都是成套的指导意见和时间表，要遵循这些指导意见和时间表需要耗费很多意志力，因为它们全都要求我们改变行为。习惯的拥护者们指出，如果这些行为可以变成自动的习惯，不消耗精力也不增添精力，那应该是一件非常好的事情，因为它们既不会消耗杯子里的意志力，又能完成那些按理说对我们有益的事情。

　　问题是，习惯（包括好习惯）是不变的，但我们却处于不断变化的状态中。我们的身体可能在某个早晨需要更多蛋白质，在另一个早晨则需要更多纤维素。如果总是按照习惯吃同样的早餐，我们就不可能注意到这一点或是做出相应的调整。

　　心理学家埃伦·兰格（Ellen Langer）关于正念的开创性研究表明，真正改善人类身心健康的不是僵化地执行计划，而是对自身的变化保持正念。[20] 例如，医生让一位哮喘患者每天使用两剂吸入剂，早晚各一剂，并且说这个处方对成千上万有类似症状的人都很有效（平均而言）。然而，我们中没有一个人是"平均"的。恰恰相反，如果鼓励患者监测自己症状的变化，根据需要使用吸入剂，他们更有可能减轻自己的哮喘症状。[21] 提高正念能力也有助于促进学习、[22] 减轻压力、[23] 减少酗酒、[24] 延长老年人的预期寿命，[25] 以及减轻神经退行性疾病晚期患者的身体症状，改善他们的生活质量。[26] 为什么正念有这样的效果？

　　虽说好习惯胜过坏习惯，但正念和对自我做出回应又胜过好习惯。当然，已经被每天的压力搞得疲惫不堪的人可能不愿意另外花费力气对自我保持敏感和正念。不理会我们不断变化的需求，只是一味地养成并坚持某些习惯可能会造成更大的损失。这样做的结果是我们保留了一些精力，却无法成长。

现在我们已经对意志力经济有了更深入的了解，可以开始思考如何把意志力维持在一个健康的水平上了。如果我们重新安排自己的生活，尽可能地把意志力驱动的活动变成自我驱动的活动，会发生什么样的变化呢？以运动为例。说起运动，大多数人都运动量不足。早上 6 点起床去健身房的游泳池里游上几圈听起来是一个改善健康状况的完美计划，但我们可能不喜欢早起，不喜欢换游泳的行头，或者干脆就不喜欢游泳这件事。我们知道游泳对我们很好，但这并不能让我们从内心喜欢它，它也不能将意志力注入我们的杯子中。我们应该问自己的问题是：为什么？为什么要游泳或跑步？为什么要在早上 6 点或每天晚上运动？如果我们把喜欢做的事情和觉得自己应该做的事情结合起来，会怎么样呢？

我们所有人要做的是设计一系列活动，做一些让自己发自内心觉得愉悦的事情，从而帮助我们实现健康方面的目标。比如不强迫自己吃甘蓝，而是吃草莓。不强迫自己早上游泳，而是晚上即兴踢一场足球赛。这样来设计生活，把意志力驱动的活动改成自我驱动的活动，确实需要一些创意和付出一些努力，但这是可以做到的。把强迫性的活动变成由内在动机驱动的活动，我们就能不断地把意志力倒回自己的杯子里。

—————— 技巧2：恢复意志力 ——————

使用技巧1确定了想实现什么核心愿望后，就该恢复意志力了，这样我们就能继续进行内心的功课。图3-7里的建议可以帮助你恢复意志力，往你的杯子里注入更多意志力。

1. 请列出你认为能迅速实现理想结果的"用力过猛的"行为和强迫行为。　　　　　　　　　　　　　　　　停止

2. 在有助于实现愿望的成长性行为中，选择一些你喜欢做的、不需要任何意志力的行为。　　　　　　　　　　　　　继续

3. 在左边一栏列出你在感到不安、焦虑、沮丧时转移注意力的活动，在右边一栏列出可以让你恢复意志力的活动。　　　　　　替代

　　转移注意力的活动　　恢复意志力的活动

图 3-7　技巧2：恢复意志力

第1步：为了迅速达到预期结果，你会强迫自己做一些"用力过猛的"事情，列出这些用力过猛的行为，并努力停止这些行为。

这可能是技巧2中最违反直觉的部分，而且我们在此列出的行为有时候是极其难以停止的。毕竟，为什么不全力以赴地追求自己想要的东西呢？或许，回想一下我们以前曾用过同样的方法，即用意志力直接改变行为但没有奏效的经历，

可以让我们暂且停下目前的行为，重新把注意力放到恢复自己的意志力上来。

　　示例：这包括过度锻炼、过度节食、过度工作，以及任何为了达到目的而强迫自己去做的活动。对卡伊来说，用力过猛的行为是一早起来就做力量训练和早餐喝绿色奶昔；对艾莎来说，用力过猛的行为是强迫自己每次开会都至少发言三次，并且过度紧跟工作。用力过猛行为的明显特征是你曾经反复做某件事情，但每次努力都没有达到你想要的结果。

　　第2步：在有助于实现愿望的成长性行为中，选择或寻找一些你喜欢做的、不需要任何意志力的行为。继续做下去。

　　在这一步，你要努力为了实现自己的愿望而坚持做一些事情，但做这些事情不需要你费力。不管事情多小，有一两件你喜欢，因此也不觉得累的事情是最理想的。我们应该记住，这些事情是我们发自内心喜欢，而且不需要费力就能做到的事情。

　　示例：不管你想改变生活中的哪一方面，你都能从中找到乐意做的事情，事情再小也可以。如果你的核心愿望与创造力有关，那就把不需要费力的小项目坚持下去，没有的话就找一个；如果你的核心愿望与改善健康状况有关，那就找一种你喜欢的健康食品或运动项目；如果你想提升亲密关系，那就找一件你喜欢与所爱之人一起做的事情。不管你想实现什么核心愿望，只要做一些创造性的思考，你都可以找到一件不需要强迫自己做的事情。不管这件事情多么微不足道，请你找到它并坚持下去。

第3步：反思一下你为了转移注意力，也就是为了逃避烦躁、焦虑、无聊、压力或其他负面状态都做了哪些事情，并将它们列在左边。在右边列出能让你恢复意志力的活动。尽量包含几项10～15分钟的活动。发现自己在做转移注意力的事情时，尽量用恢复意志力的活动来替代它们。

如果你发现尽管自己有意用恢复意志力的活动来替代转移注意力的活动，你还是不自觉地做着转移注意力的活动停不下来，这时候不要评判自己。你需要一些时间来建立一个"自我警告"系统，帮助自己从转移注意力的活动更换到恢复意志力的活动。

示例：我们很容易觉察到转移注意力的活动，因为它们出现的频率非常高。比如，每当你感到焦躁不安或压力过大时，你就会查看社交媒体、看新闻或看电视。虽然很容易觉察，但要把它们换成恢复意志力的活动却不那么容易。这就是为什么随身携带专属于你的意志力恢复清单是如此有用。把清单放在比较显眼的地方，比如设成手机或电脑屏保，或者贴在冰箱上。请务必让你的清单既包括耗时很少的活动（比如听一首歌、做做拉伸运动、看一段有趣的视频等），也包括耗时较长的活动（跟朋友一起看电影、上瑜伽课、花点时间泡澡等）。

一开始，用恢复意志力的活动替代转移注意力的活动可能有些困难，但这是可以做到的。当你拿起手机准备刷社交媒体时，这正是用前者替代后者的好时机，你可以转而去看一段你喜欢的喜剧演员的视频，或者阅读一篇你感兴趣的短文。当你辗转反侧无法入睡时，可以起身做一些拉伸运动。知道了哪些行为能转移你的注意力、哪些行为能恢复你的注意力，你就能更好地把意志力倒回自己的杯子里。

如果一周中让你感到疲惫的项目、人或情况是可以预见的，你可以在这些事情之前或之后都插入能让你恢复意志力的活动，比如在棘手的会议前散一小会儿步，做无聊的文书工作时或者在做完后听一首喜欢的歌，等等。总之，这样做的目的是不断把意志力倒回杯子。

了解与恢复意志力相关的原则后，你现在可以着手恢复自己的意志力了。当你开始恢复意志力，觉得精力有所提升时，你可能会忍不住回到用力过猛的状态。不过，尽量不要让钟摆摆回以前的位置，而是利用这些意志力继续做下一阶段的内心功课：重新处理情绪。

情绪是一种信号，告诉我们何处出现了威胁、损失和障碍。在人类漫长的进化过程中，情绪逐步具备了帮助我们应对困难处境的作用，为我们实现愿望提供了很多助力。不过，当我们遇到困难时，它向我们表明引起情绪的不是眼前的事情，而是过去的事情。在第 4 章中，我们将探讨如何理解情绪、如何健康地处理情绪，以及如何重新处理"黏滞"情绪，从而推动自我之轮继续运转。

The Possible Self

第 4 章

情　　绪

现在，我们该把注意力转向自我之轮的下一部分——**情绪**了。情绪是一个信号系统，告诉我们与实现愿望之间还有多大距离。我们是离实现愿望近了一步（积极情绪），还是在实现愿望的路上遇到了困难（负面情绪）？情绪不仅向我们发出信号，还给予我们能量，促使我们去做该做的事，以接近我们的目标。[1] 例如，如果我们身处危险境地，比方说露营时遇到了一只野生动物，恐惧会提醒我们保护自己，并且视动物的大小和速度，激发我们进入逃跑、战斗或僵住模式。当情绪运作良好，我们能正确解读情绪信号时，情绪会成为我们的向导，帮助我们有效地保护自己、克服障碍、哀悼失去的东西，也会让我们在离愿望更近一步时感到快乐。不过，当我们在人生某些领域陷入停滞时，情绪信号会发生扭曲，变得难以解读。

尽管埃米莉的生活看似完美，但她却一直有负面情绪，如不满意、焦虑和心烦。对埃米莉来说，她的情绪而不是她的生活，才是问题所在。如果责怪情绪向我们发出信号，告诉我们一些不想听到的东西，就有点像责怪疼痛向我们发出了受伤的信号。人类进化到今天，负面情绪是为了保护我们，让我们接近自己的愿望而存在的，而我们却经常把它们当作敌人，想方设法回避、压制或转移自己对负面情绪的注意力。埃米莉试图忽略她的情绪，继续过着她那成功但缺乏创造性的生活。但是她的情绪一直在向她发出需要改变的信号。

我们不想体验的负面情绪恰恰是我们实现愿望的关键所在。渴望晋升的艾莎在等待晋升的这段时间里有怨恨的情绪，并时常感到心灰意冷和自我怀疑。卡伊一直对自己的身体有羞耻感，心里一直萦绕着绝望的情绪。如果阿比诺夫不过度工作，不迁就病人，不让理疗诊所的病人越来越多，他就会感到内疚。

负面情绪试图向埃米莉、艾莎、卡伊和阿比诺夫发出信号，但这些信号没有得到准确的解读。他们几个人试图通过外界来改变自己的情绪，但在我们陷入困境时，这样做是无济于事的。当我们在生活中的某些领域陷于停滞时，我们需要做**内心的功课**来校正情绪发来的信息，这样才能准确地解读它们，让它们指引我们成长。

当成长陷于停滞时，长期无法实现的愿望很可能会引起干扰性的、难以解读的长期负面情绪。这些情绪让我们心灰意冷，或让我们长期焦虑、沮丧、绝望或羞愧，让我们只想"熬过"每天的生活，而不是"享受"生活中的每时每刻。如果我们想知道如何从情绪的困顿中走出来，我们首先需要知道当自我之轮运转良好时，情绪是如何运作的。

情绪是理性的

我们日常经历的很多情绪，比如快乐、悲伤、害怕和沮丧，对我们来说熟悉到不能再熟悉，所以我们很少停下来思考这些情绪对我们来说有什么意义。我们知道这些情绪是积极的或消极的，强烈的或微弱的，熟悉的或让人迷惑不解的。我们也知道，如果处理不当，这些情绪可能会给我们带来麻烦。我们还知道，挥之不去的负面情绪会让我们痛苦不堪。然而，情绪不同于身体的其他反应（如消化不良），不同于大脑中的想法（如"这个水果很美味"），也不同于行为（如去冰箱里拿东西）和动机（如"饿了"要吃东西）。尽管可以说情绪包含了身体的反应、想法、行为和动机，但它们仍有区别，即功能的不同——它们为我们做了什么。

经过多年的进化，哺乳动物的情绪逐步具备了以下作用：**帮助动物持续学习环境中哪些有益的东西可以接近，哪些危险的东西需要避开**。为了知道该接近什么、避开什么，我们需要记住遇到了什么东西以及结果如何。如果我们吃了某种浆果后生病，我们就需要记住这种浆果的样子，下次不再吃它。我们可以看到大脑中记忆和情绪之间的关联：杏仁核是大脑处理情绪的核心部分，它与主要负责学习和记忆的海马体的连接最为紧密。到目前为止，我们知道情绪是有目标的（让我们实现愿望），情绪会发出信号（我们会记住信号），然后激发我们采取行动。在图 4-1 中，你可以看到哺乳动物的情绪由哪几部分组成。这个图适用于所有哺乳动物。

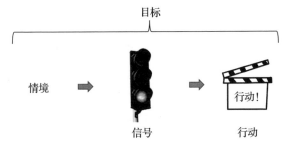

图 4-1　哺乳动物的情绪组成部分

与我们常用的"情绪化"（emotional）一词相反，情绪

（emotion）从根本上来讲是理性的。当情绪不能很好地发挥作用时，我们的非理性程度会加强。恒河猴的杏仁核受损后恐惧感会降低，导致它们非理性地做出一系列可能致命的试探行为。[2] 在实验室和现实生活中，人类的杏仁核受损会影响决策，比如对金钱的理性推理。[3] 总之，如果我们在情绪处理方面存在问题，我们很快就会开始做出非理性的行为，给自己带来危险和财务上的损失。虽然人们普遍认为情绪与理性是对立的，但实际上，只有情绪运作良好了我们才能理性行事。

在人类身上，情绪还多了一个组成部分。请观察图 4-2，你会注意到，在情境和信号之间，有一副眼镜（透镜）代表着我们的构念或信念（我们在第二章"动机"中讨论过）。这幅图是什么意思？

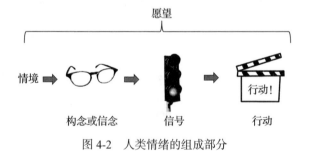

图 4-2　人类情绪的组成部分

根据心理学家基思·奥特利（Keith Oatley）和 P.N. 约翰逊 – 莱尔德（P. N. Johnson-Laird）影响深远的情绪认知理论，

认知评价（构念或信念）在大脑的情绪生活中扮演主要角色。[4]
这意味着，当我们遇到某件事情时，大脑必须对其进行解读，
并通过"透镜"来看待这件事情。值得注意的例外是反射动
作。在反射动作中，我们首先采取行动，例如从蛇形树枝旁
跳开，然后大脑才跟上，告诉我们没有危险。

　　对人类来说，决定我们对情境产生何种情绪的是我们的
构念或信念。面对同样的情境，例如环境灾难，一些人会愤
怒（对政客和否认气候变化者感到愤怒），一些人会悲伤（认
为环境灾难会不可避免地让人类付出生命的代价），一些人
会恐惧（担心自己和亲人将遭遇不幸），另一些人则积极行动
（认为这是向受困群体伸出援手的机会）。同样的情境会让不同
的人产生不同的情绪，进而采取不同的行动。与人类不同的
是，其他哺乳动物一般会对同样的情境产生同样的情绪反应。

　　这种看待情绪的方法有一层有趣的含义，那就是如果没
有目标或愿望，可能也就没有情绪。我们常常认为只要醒着
就有情绪，或者情绪来得毫无缘由，好像它们是有我们家钥
匙的熟人，想什么时候来就什么时候来，想待多久就多久。
情绪这种看似不可捉摸的特性会让我们感到无能为力，负面
情绪更是如此。实际上，**当我们偏离目标时，负面情绪就会
出现，而一旦回到实现目标的轨道上，负面情绪就会消失。**
情绪原本就是暂时的，就像信号系统一样。交通信号灯如果

总是亮红灯或绿灯，就会失去它的功能和作用。

弄清楚情绪出现的缘由、停留多长时间，以及它们出现的目的，我们就能让情绪发挥它们应有的作用，也就是帮助我们实现愿望。我们可以把情绪当作来帮忙的朋友，任务完成后也可以预测它们什么时候离开，而不是把它们当作有我们家钥匙且出没无常、难以捉摸的熟人。

要说明人类如何健康地处理情绪，我们首先要解答一个大家很容易想到的问题：如果情绪真的是理性的，并且是以习得为基础的，那么为什么它们会背上非理性的坏名声？为什么我们非常生气或害怕的时候可能会做出错误的决定？

情绪为何声名狼藉

为了帮助我们理解情绪是如何变得"声名狼藉"的，我们来看一看生气、害怕、难过和高兴这四种基本情绪。每种情绪都是由与目标相关的不同情境引发的，每种情绪都希望我们采取不同的行动，从而理性地让我们离目标更近一步（见图 4-3 ）。

到目前为止，情绪的反应是非常理性的。对于瞬间从情境进入行动的非人类哺乳动物来说，情绪的反应确实是非常理性的。每种情绪都进化出了相应的身体"反应特征"，帮助它们采取行动。对大多数哺乳动物来说，情绪激活身体是很理性的反应，因为它们遇到的大多是身体方面的障碍、威胁和损失。

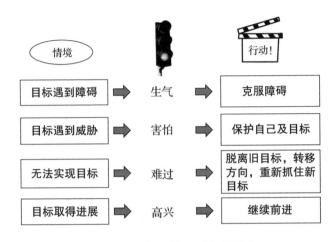

图 4-3　情绪"希望"我们做什么

　　我们来看一下生气和害怕的身体反应特征，情绪的坏名声就是得源于此。动物在遇到身体方面的障碍或威胁时，会立即调动全部身体资源进行防御，防御形式可能是战斗、逃跑、僵住或者试图交流，这是非常理性的反应。这就是为什么我们在生气、焦虑甚至高兴时会感到能量过剩。从进化的角度来看，这些情绪需要我们做出积极的反应。当我们的肌肉组织完全激活时，其他不那么直接相关的系统，如消化系统或细胞修复系统，就会停止工作或进入"暂停"状态。

　　对人类来说，遇到身体威胁时会停止工作的非紧急身体系统包括大脑中负责处理长期计划的部分，如前额叶皮层（或称 PFC）。[5] 如果我们正在躲避一只熊，那么我们的长期计划在那一刻是无关紧要的，这完全是非常理性的反应。打个比方，这有点像大脑前部有一个开关，上面标着"前额叶皮层"，当我们非常生气或害怕时，这个开关会立即拨到关闭位置，这样我们就可以集中精力处理眼前的事情了。到现在为止，可以说这种反应是理性的，它帮助我们对短期的身体问题做出瞬间的身体反应。

问题在于，对许多人来说现在日常的障碍和威胁不再是身体上的，而是心理上的，而且我们的许多目标都是长期目标。这就意味着，当我们试图以关闭前额叶皮层开关的方式应对某种情况时，会发生非常糟糕的事情。如果我们在遇到熊或其他身体上的威胁时跑开，没有人会说我们失去理性。但如果公司开会的时候一位同事当着老板的面贬低我们，大多数人都会觉得我们跳过桌子扑向同事，把他摁倒在地是非常不理性的行为，更不用说我们还会因此被逮捕。大多数人之所以没到这种地步，是因为我们用意志力重新打开了我们的前额叶皮层的开关。我们将在本章后面读到，有效地处理情绪有好几个步骤，重启前额叶皮层只是其中的第一步。

我们打开前额叶皮层开关的速度和彻底程度取决于我们做过多少调节情绪的练习。调节情绪的训练始于童年。请注意，即使我们没有扑向同事，我们也可能把开关保持在中间位置，不让它完全打开，也不让它完全关闭。我们可能会恶狠狠地看他，在脑子里大声骂他，或者盘算着等会给他发一封言辞激烈的邮件，并且抄送公司所有人。几分钟或几小时后，或者第二天早上一觉醒来，我们的开关又回到了"开"的位置。这时我们会完全想明白那样的行为对我们的长期计划会造成什么样的后果，只有到那时，我们才会庆幸那封会扰乱我们整个职业生涯的邮件还留在草稿箱里。即使面对身体上的障碍或威胁（设想暴力冲突中的警察），我们的前额叶皮层开关也需要处于开启的位置，以便我们能在头脑中看到自己每个行为的长期后果。

情绪非理性的名声并非源于情绪的本质，而是源于人类压力来源的性质以及目标的时间跨度发生了变化。在我们无法把前额叶皮层开关从关闭位置拨到开启位置，无法对障碍和威胁做出理性的长期反应时，我们和其他人在这段短暂的时间里的表现，更是加重了情绪非理性的名声。所以，下次有司机别我们的车，惹得我们路怒症犯了想要追尾时，我们不能把责任归咎于情绪。情绪希望我们把前额叶皮层的开关重新打开，也希望我们的汽车完好无损。

此外，看一看难过和高兴的能量"特征"，我们可以清楚地看到，即使我们压力来源的性质和目标的时间跨度发生了变化，这种能量的特征仍然可以帮助我们有效地处理情绪。我们在悲伤时能量较低，这种低能量可以帮助我们摆脱那个没有实现的目标，不管这个目标是一个想法、一份工作还是一个人，低能量都可以协助我们做到这一点。我们在高兴时能量较高，这种高能量能让我们不断前进，离实现目标越来越近。

前面讲了情绪背负了不该有的坏名声，现在我们来谈谈积极情绪。我们发现，人们常常把**高兴**误认为**快乐**。快乐是另一种对成长具有重要意义的积极情绪。在下一节中，我们会发现这两种不同的情绪在向我们传达不同的信息。

高兴与快乐

我们来观察一下之前提到的积极情绪——高兴。人们常常把高兴误认为另一种积极情绪：快乐。高兴与快乐有何不同？高兴表示我们正在接近目标或已经实现目标，不管这个目标是核心愿望还是外层愿望、是内心产生的目标还是因环境或他人而产生的目标，我们都感到高兴。而快乐则表明**我们正在接近的目标是一个核心愿望，它让我们的潜能有所发展**。因此，看看自己是否快乐能够为我们的成长指明方向，而高兴则没有这种作用。

例如，我们正在上一门自己不喜欢的课程，没有为考试做过准备，为了通过考试，我们在考试前一天晚上临阵磨枪拼命补习，那么即使我们没学到什么东西，也没有得到成长，我们也会为考试及格而高兴。当我们发展自己的某项潜能时，不管是学习弹吉他、了解别人，还是解决了一个难题，也不管这些活动出现什么样的结果，我们都会持续地感到快乐。请注意，高兴的感觉与结果有关，是一种"突如其来"的积极情绪，来得快去得也快，而快乐是一个**持续的信号**，表明我们正处于**成长的过程**中。

快乐与高兴的另一个区别在于，快乐（和成长）可以与消极的状态和情绪共存，比如与心理上的痛苦、难过或生气共存。我们可以从成长的角度来看待一切，包括分手、亲人离世，或让我们又爱又累的工作。反过来说，我们会因为所有的外层愿望都得到了满足而感到特别高兴，同时又因为没有成长和快乐而深感不满和痛苦。这些看似矛盾的状态往往令人困惑，也是世俗的成功往往伴随着不满足感的根本原因。

快乐是与整个过程相伴的情绪，是少数几种在我们的心理"房子"里驻留时间很长，但并不代表我们被困住了的情绪之一。它传达的是一种相反的信息：我们正在成长。

如何处理负面情绪

在做事情的过程中体验各种情绪对我们来说是习以为常

的事情，所以我们可能会觉得情绪就是用来"感受"的。但是，如果我们能让情绪发出声音，它就会敦促我们："不要只是感受我，做点什么吧！"为什么？因为大多数情绪会消耗很多能量，所以经过这么多年的进化，情绪已经变得稍纵即逝，一旦我们再次踏上实现目标的道路，情绪就会马上离去。既然如此，我们该如何健康地处理情绪呢？

要回答这个问题，我们需要看一下只有人类拥有，而人类的"近亲"类人猿没有的一项工具：**选择**。复原力是指不仅能应对困境，还能在困境中蓬勃成长的能力，我们在使用人类独有的这一工具的过程中就体现出了复原力。

我们有两种做选择的方式：①学习如何完整地处理情绪（接收到情绪的信号并采取行动），在负面情绪来临的当下做选择；②培养复原力，较长一段时间以后再做选择。接下来我们会依次讨论这两种方式。

（请记住，以下处理情绪的建议仅针对自我之轮中运转良好的部分。关于如何处理停滞部分的情绪，将在黏滞情绪和技巧 3 中进行讨论。）

当下处理负面情绪

如果我们的自我之轮运转良好，我们该如何处理当下的情绪？如何听到它的信号并采取正确的行动，从而实现我们的目标呢？我们可以遵循以下步骤。

1. 直面情绪（而不是压制、转移注意力或表达情绪），给自己时间和空间去体验情绪。 当强烈的负面情绪袭来时，我们可能不想面对它，想直接忽视它。如果它强烈到无法忽视，我们可能会转头沉浸到能转移注意力的活动里，例如看社交媒体、看电视、喝酒等。还有一种转移注意力的方法是立即采取灵长类动物最可能采取的反应（生气时大喊大叫或攻击、逃避威胁、被拒绝时退缩），然后想方设法忘记这种情绪。这些方法都没有直面情绪。直面情绪是指给我们自己空间和时间，承认正在发生的事情，进入情绪处理的下一阶段，例如，在激烈的会议中休息一下，或是跟配偶争吵时太生气了便暂时离开房间。

2. 平静下来，安慰自己，这样可以重新打开前额叶皮层的开关。 我们可以用一个比喻来形容强烈的负面情绪，那就是它就像一个哭闹的婴儿。在我们做其他事情之前，需要把它抱起来，让它平静下来，或者安慰它。每个人都有让自己平静下来的独特方法——长长地呼气，感受一下双脚踩在地板上的感觉，或者喝口水。如果在家里，我们还可以找到更多安慰自己的方法：用毯子把自己包裹起来、喝杯热茶或是写日记，只要是让我们感到踏实、平静和安心的方法都可以。

安慰自己和用食物、电视等转移自己的注意力有什么不同? 二者的不同之处在于, 转移注意力后我们就会把情绪忘在脑后; 而安慰自己后, 我们仍然会意识到自己的情绪, 但我们会感到足够平静, 能够继续处理情绪。这种平静和安慰(感到安心) 的过程会让我们的前额叶皮层的开关重新打开, 从而让我们重新拥有长期规划的能力。

3. 研究一下情绪的背后有哪些隐性和显性的愿望和构念。 这时候我们该找出是哪些目标受到了威胁, 以及究竟是什么引发了这种情绪。凭借这种让自己平静下来以看清环境、时间和事态的能力, 我们可以开始做情绪希望我们做的事情: 在采取行动实现目标之前, 先理解情绪。

首先, 我们需要审视一下自己的目标。想象一下, 我们正在开会, 会上老板做了评论, 我们认为她的评论里有贬低我们创造性解决问题的能力的意思。此情此景下, 我们很容易把注意力放在她说了哪些话, 而不是让视野更加宽广一点, 仔细研究一下事态和我们的目标是什么上。我们可能会看到自己有多个目标。不用说, 其中一个目标是我们想保住工作, 第二个目标是希望自己的创造力得到重视和尊重。经过一番反思, 我们可能会发现我们的另一个目标(通常是隐性目标) 是显得比别人更聪明。我们想炫耀自己的创造性才能, 让别人钦佩我们。这时我们必须做出选择, 哪些是核心愿望, 是我们的自我和成长不可或缺的; 哪些是外层愿望, 是未实现的核心愿望的体现。我们需要明智地重新选择我们的目标。

然后，我们可以反思一下自己的认知构念或信念。它们是有根据的、正确无误的吗？我认为老板用了嘲讽的语气，根据我与老板之前打交道的经历，这种判断是对的吗？我看待老板的透镜会不会被我过去在工作中，甚至在童年时遭受欺凌的经历完全扭曲了？

4. **制定策略**。对自己的目标和构念感到满意后，还有重要的一点需要注意，那就是在未能完全洞晓事态前不要贸然采取行动。怀有强烈的负面情绪时，我们往往只想着障碍和威胁，很少重新把注意力放在我们想要的目标上。

我们可能会意识到，我们的愿望之一是在工作场所中感受到被尊重和被重视。这与希望老板尊重我们是两码事。后者是外层愿望，因为老板的感受不受我们控制。为了实现愿望，我们需要制定战略，这可能需要多管齐下：重新评估自己的价值观和工作方式，以及所在组织的价值观和工作方式。我们能做到的是找到更好的方式为工作场所贡献价值，与老板采取更好的沟通策略，如果这样做不能改善现状，那就换部门或换工作。

5. **制订行动计划并付诸行动**。我们可能会为每个愿望都制定策略，但如果我们不制订行动计划并付诸实施，情绪就会不断向我们传递信息。一旦我们开始行动，负面情绪就会逐渐减弱乃至慢慢消失。情绪已经完成了它的使命。这位"熟人"离开了我们的房子，只有新的麻烦或挑战出现时才会回来。

知道了负面情绪来袭时如何做选择后，我们还可以问问自己，是否有一些可以长期采用的做法，帮助我们培养复原力。复原力不仅能够帮助我们应对不确定和困难的情况，还能让我们在逆境中蓬勃成长。

培养复原力的长期工具

培养复原力的做法是在情绪的每个组成部分都做出自己的选择。图 4-4 展示了我们可以做出选择的所有地方：愿望、情境、构念或信念、用行动表达情绪。

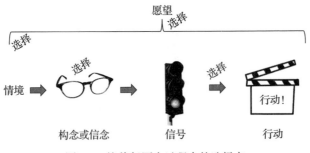

图 4-4 培养复原力过程中的选择点

1. **我们可以选择自己想要追求的愿望或目标**。非人类哺乳动物在进化过程中遗留下来的特征是它们受到生存和繁殖目标的限制，但人类不受此限制。我们有许多人类独有的核心愿望。我们越是选择成长性的而非外围的愿望，就越会对那些我们能够控制的事物产生情绪，而不会对那些在他人或外界控制之下的事物产生情绪。

当艾莎想要升职时，她就陷入了长达数月的负面情绪中，因为升职不仅取决于她的表现，还取决于周围人对她的评价和偏见，而她是无法控制别人对她的评价的。当她意识到自己的成长性愿望是拥有自我价值，自信地为工作做出贡献时，她便有了行动计划。即使进展不顺利，即使她因挫折产生了暂时的负面情绪，她也能重整旗鼓，制定策略，继续追求自己的愿望。**专注于我们可以为之努力的成长性愿望，意味着我们的情绪不是由别人掌控的，而是由我们自己掌控的。**

此外，人类不仅会像所有猿类那样对现实（即眼前的事情）产生情绪，还会对想象（未来）和记忆（过去）产生情绪。阿比诺夫对父母多年前遭受的苦难深感愧疚，这让他无法为自己当下的生活做出有益的选择。我们都记得自己过去受到的伤害、背叛或失去亲人的经历，那些过去的情绪会一次又一次地涌来。虽然预测未来的威胁是帮助我们规避危险的一个好方法，但大脑也会对未来生出许多不完全受我们控制的恐惧，例如我们会不会毁灭地球、以后会不会得阿尔兹海默病、亲人是否会先于我们离世，等等。如果无法为未来的恐惧或过去的事件做点什么，负面情绪可能就会一直循环。最有利的利用情绪系统的方法，是对眼前的事情产生负面情绪，并且能够采取行动去改变这些事情。

2. 我们可以选择让自己待在什么样的情境里，也可以改变环境，使之更适合自己。 非人类哺乳动物的命运任凭环境摆布，但我们不一样。我们可以塑造自己的环境，选择让自己待在什么样的情境中。如果我们是行动不便的老人，居住的房子对年老的我们有诸多不便，例如楼梯多、地板滑、浴缸太深等，那么我们可以做一些改变。比如搬到一楼生活，安装行动辅助设施，找生活助手以预防受伤，甚至搬到一个行动起来更方便的生活空间，这些选择都可以改变我们的环境，使我们不至于时常产生负面情绪（害怕、生气、难过），也不至于受伤。

另外，我们可以选择进入什么样的情境，以免自己被负面情绪淹没。例如，我们可以接受对一份更具挑战性的新工作感到些许害怕。但是，一想到完全离职去创业会给我们带来多大的恐惧，我们可能就会克制住离职创业的念头。**与非人类哺乳动物不同，我们可以衡量哪些情境是可以接受的，哪些情境是我们想改变的，从而最大限度地照顾好自己的情绪。**

3. 我们可以选择改变自己看待世界的信念或构念。 把自己视为正在成长的人还是把自己视为失败者，将决定我们是关爱自己还是为自己感到羞愧。将新项目视为挑战还是负担，将决定我们在做项目的时候是兴致勃勃还是灰心沮丧。将大自然视为一个注定要毁灭的地方还是一个值得保护的地方，将决定我们充满绝望还是充满活力。总之，我们需要选择哪种构念对我们最有益，也就是说，哪种构念能让我们实现自己的愿望。

有时候，看待某个情境的构念不止一个，我们可以从中做出自己的选择。比方说，一位同事经过我们身边，我们跟她打招呼，但她没有回应。如果我们认为她是个粗鲁无理的人，我们会很生气；如果我们认为她在专心想一件我们无从知道的烦心事，我们可能会同情她；如果我们认为她在生我们的气，故意不搭理我们，我们可能会忐忑不安；如果我们认为她没看见我们，我们可能不会有任何情绪。鉴于大多数情况下我们没有足够的信息，这些不一样的构念会促使我们收集更多信息，比如联系这位同事。然后，我们可以核实一下对当时情况最准确的评估是什么，并更新我们的构念，使之更加准确。

4. 情绪来临时，我们可以选择是否通过行动以及如何通过行动来表达情绪。出现负面情绪时，我们可以选择将前额叶皮层的开关打开，这样我们就可以战略性地思考如何行动有利于实现长期目标。我们可以选择是否表达情绪、何时表达情绪以及如何表达情绪。

请注意，表达情绪（表现出与情绪相适应的能量特征）不等于处理情绪（接收情绪发出的信息并采取行动）。我们在前文中提到过，前额叶皮层开关处于关闭位置时，完全不加控制地通过行动表达情绪会导致我们把同事扑倒在地，对海关官员大喊大叫，有人强行变道超车我们就去撞车。经验告诉我们，大喊大叫并不会让愤怒消失。与直觉相反，研究表明，表达愤怒会加深愤怒的程度，提高随后的攻击行为的概率。[6] 只要我们不主动压抑情绪，表达情绪和处理情绪是不会相互影响的。

"宣泄"模式本应让悲伤在痛哭一场后消失，或让愤怒在一场激烈的言语攻击后烟消云散，但不幸的是，宣泄模式做不到这一点，甚至还可能让情绪长期滞留。原因在于，仅仅表达情绪并不需要我们去解读情绪传递给我们的信息，也不需要我们去做情绪想让我们做的事，即离目标更进一步。这并不是说我们不应该表达情绪。在不伤害自己和他人的情况下，该表达还是要表达，因为对一些人来说，表达是他们感受到自己有情绪的第一线索。然而，值得记住的是，虽然表达情绪能消散体内一些活跃的能量，但表达之后，我们仍然需要处理情绪。从长远来看，我们可以逐渐琢磨出最适宜自己的表达方式和表达程度，帮助我们最有效地处理情绪。

情绪系统运行良好时，我们就能越过障碍和威胁，实现自己的愿望，并从失落中振作起来，重新投入到新的目标和关系中去。处理负面情绪的做法让我们相信，下次再有负面情绪出现时，我们有能力应对和处理它们。但是，如果情绪没有离开，我们继续悲伤、怨恨、内疚或羞愧，有时甚至持续数年时，会怎么样呢？现在，我们来看看那些不容易处理但需要"**重新处理**"的黏滞情绪。

黏滞情绪

如果情绪没有消失，而是挥之不去，会发生什么？不管在什么情况下，如果我们长时间持续感受到同一种情绪，这可能表明我们看待问题的构念或透镜被扭曲或"封闭"了。在第 2 章中，我们谈到了构念是如何根据新的信息而不断更新的。它们根据生活经验不断变化，因此才能提供有用的信息。但是，如果它们不再更新，而是在人生某个时刻"封闭"起来，那么它们就不能再帮助我们理解自己和周围的人。

如果我们观察世界的构念是封闭的，那么它给出的答案就永远不变，也就是永远带来相同的情绪（见图 4-5）。

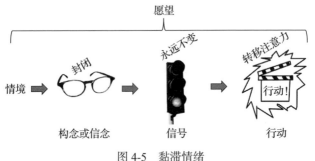

图 4-5　黏滞情绪

　　如果你有"不能相信他人"的封闭构念,那么恐惧和失望就可能成为你所有人际关系的烙印,不管是与同事的关系、与朋友的关系,还是与家人的关系,都逃脱不了这样的烙印。"我不够好"的构念可能会导致持续的羞耻、悲伤或遗憾。在我们的人生中停滞不前的领域里往往存在着封闭的构念,而这些构念带来了挥之不去的黏滞情绪。

　　在人生比较顺利的部分,情绪代表外界带给我们的一些信息,例如危险、障碍、损失等;在人生停滞不前的部分,黏滞情绪代表我们的构念出现了扭曲。一旦我们回应了外界的信息,例如保护自己或重新调整自己的目标,那些健康的情绪就会消失。黏滞情绪没那么简单,**只有改变封闭的构念,使其重新对现实开放,黏滞情绪才能消失。总之,我们需要对自己采取行动**。

　　要做到这一点,我们需要**重新处理**情绪,这包括首先找到黏滞情绪，然后找到引发黏滞情绪的封闭构念。如果我们总是因为"我永远是个失败者"这一构念而感到羞耻，那么无论我们在外面取得多大的成功，都无法让羞耻感消失。要想让羞耻感消失，我们就需要对这一构念本身采取行动。

任何长期的感受都会逐渐淡出我们的生活，情绪也是如此。如果情绪是负面的，我们往往会设法回避、压制或转移自己的注意力。既然我们想要重新发现自己的黏滞情绪，重新处理它们，那么我们该如何做呢？

做法之一是给自己一些沉默和安静的时间。对很多在某些方面停滞不前的人来说，在身心都与外界没有互动的情况下，我们可能很不愿意沉默地与自己待在一起。如果不经意间进入沉默的时刻，比如上下班高峰期坐在车里时、叠衣服时、或在杂货店里排队时，我们会想方设法打破这种沉默。例如，我们会打开收音机、看手机、看新闻、刷社交媒体、想想等会儿做什么，或者尽力与外界接触。回避沉默是一种理性反应，因为我们害怕在沉默的空间里会出现负面情绪。我们在沉默时感受到的情绪标志着我们与自己的关系。让黏滞情绪从感受中凸显出来的一个方法，就是给自己一段沉默的时间，然后观察什么样的情绪会出现。

我们掩盖黏滞情绪，有时会用**用力过猛或转移注意力的行为**来填补安静的空间，从而将注意力从负面情绪或提供替代性安慰的**成瘾行为**上转移开。我们在第 2 章讨论过替代性安慰。通过观察打开电视、拿起香烟或冰激凌之前那一刻发生了什么，往往可以给我们线索，找到最让我们心烦意乱的是什么。

在我们的日常体验中，我们通常会在几秒钟内从情境（比方说沉默）转变到构念（"我不够好"），再转变到情绪（羞愧），最后转变到转移注意力的行为（拿起手机）（见图 4-6）。如果我们想重新处理黏滞情绪（首先找到黏滞情绪，然后弄清楚是哪个封闭的构念导致了这些情绪），我们需要做一点逆向思考。

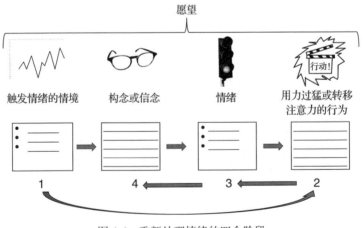

图 4-6　重新处理情绪的四个阶段

我们先从触发情绪的情境（图 4-6 中的方框 1）开始，它在几秒钟之内就会让我们做出转移注意力的行为（方框 2）。就在我们准备拿起冰激凌、香烟或刷社交媒体时，我们可以停下来，问自己这个问题：如果不这样做，我会有什么感觉？我会感到不安、不满、焦虑、羞愧、生气还是无聊？问这个问题可以帮助我们找到我们想方设法回避的黏滞情绪（方框 3）。

对埃米莉来说，是沉默（情境）促使她查看自己的投资业绩（转移注意力的行为）来填补一天中所有的空隙。她让自己停止查看投资业绩后，她感到不满和焦躁（情绪）。

对艾莎而言，只要看到同事升职而不是自己升职（情境），她就会去看领英上的动态（转移注意力的行为）。在阻止自己查看领英后，她意识到自己同时有生气、焦虑和嫉妒的情绪。

我们来看看卡伊。只要涉及身体，比如换衣服或运动（情境），卡伊就会焦躁不安，这时他就想猛吃东西或打电子游戏（转移注意力的行为）。如果他被困在某个地方，比如困在海滩上，无法轻易找到转移注意力的东西，他就会感到羞愧（情绪）。

最后说一下阿比诺夫。只要多来一些他不想接但又无力拒绝的患者，他的反应就会被激活。他会尽量不去想这件事，转身去看电视或刷社交媒体（转移注意力的行为）。说"不"

通常会给他带来深深的负罪感（情绪）。

最后一个步骤（图4-6中的方框4）是猜测黏滞情绪是由哪些封闭构念引起的。我们会在第5章中深入讨论构念，不过现在我们想请你在技巧3中推论一下你有哪些封闭构念。在这个阶段，你可以简单地把构念看作在你开始感受到黏滞情绪前，脑海中突然冒出的想法。在接下来的章节中，你将看到每一位主人公是如何探索他们的构念的。之后我们会请你试着重新处理你的情绪。

挥之不去的内疚感

健康的内疚感让我们知道自己在一段关系中犯了错误。它敦促我们承认错误，尽可能弥补我们造成的伤害，并且永远不再犯类似的错误。如果我们在停车场撞掉了另一辆车的后视镜，然后试图逃避责任，我们会感到内疚。在内疚感的驱使下，我们会在那辆汽车的挡风玻璃处留下一张写有我们联系方式的纸条。如果内疚感来得太晚，它也会让我们承认发生的事情，并确保我们知道下次该怎么做。但是，如果内疚感无法消散怎么办？

我们来看看阿比诺夫的例子，他认为内疚是他的黏滞情绪之一。每次他思量要不要拒绝一个前来求助的患者，同时又不让自己去做转移注意力的事情时，强烈的内疚感就会涌上心头。于是他问自己："在我感到内疚之前，我脑子里想到的是什么？"答案让他大吃一惊，原来他想到的不是患者，而是他的父母。他想的是："我应该多帮帮他们。"

阿比诺夫说的是在他小的时候，父母为了让他和弟弟接受良好的教育，各自都打好几份工，做出了很多牺牲。阿比诺夫小时候和其他孩子一样，偶尔也有不想学习、不想做家务的时候，这时候他会偷懒跟弟弟玩一会。成年后，每当他打算拒绝新来的患者，脑海中就会想起父母为他们做了那么多牺牲，于是内心产生深深的内疚感。

虽然阿比诺夫这些年帮了家里很多忙，但那些引起内疚感的想法还是会反复出现。让他产生情绪的其实是往事，而促使他产生情绪的是冻结在过去的封闭构念。一旦他把那些想法写在纸上，他发现其他想法也冒了出来——"他们为了让我受教育吃了那么多苦，我也应该在工作中吃苦""要是他们知道我工作这么努力，他们就会觉得那些牺牲是值得的"。这些构念也是封闭的，从阿比诺夫小时候到现在一点都没变。请注意，引起持续性情绪的构念与眼前的事情无关，与过去的事情有关，这些构念被冻结在事件发生的那一刻，之后发生的事情对它们再也没有产生任何影响。

实事求是的构念，或者说开放的构念会随着时间更新："我小时候没帮家里多少忙，也很后悔有些时候不做家务，但我长大后一直在努力尽到自己的责任，让他们什么都不缺。
我以后也会一直这么做下去，因为我想让他们感受到我爱他
们，感激他们。"如果不打开封闭的构念，我们就无法驱散黏
滞情绪。

挥之不去的后悔

后悔可能是最容易辨认的黏滞情绪，似乎许多人都是心
怀悔意撒手人寰的。然而，后悔和其他所有情绪一样，进化
成一种临时信号，让我们明白在人生的某个特定时刻，我们
本可以选择一条不同的道路，有一个更好的结局。内疚是指
我们犯了伤害他人的错误，而后悔则往往包括我们对自己造
成的伤害。不管是后悔没有开创真正热爱的事业，还是后悔
发生婚外情导致离婚，我们都可以从这些做过的事情和想做
但未做的事情中吸取经验。后悔的作用是引导我们不再重蹈
覆辙，让人生拥有想要的东西（创业），去掉不想要的东西
（婚外情）。如果后悔一直郁结于心，会发生什么呢？

埃米莉很早就做出了职业选择，她依据的是父亲传给她
的构念"只有经济上有了保障，你才能从事艺术创作"，以及
"如果不能保证成功，那就干脆别尝试"。这让她走上了一条
非常成功的道路，但她也感到深深的不满足，生活中没有一
个艺术创作的出口。每当工作中出现安静的时间，"也许我当

初该去搞艺术"这个念头就会悄然闯入她的脑海，让她坐立不安、后悔不已。她很快又会转回目前的构念——她很成功，走当下这条路的决定是正确的。但另一种选择，那条未走的路，却经常出其不意地冒上心头，扰乱着她内心的平静。

请注意，包含"应该"（should）这个词的构念都是与愿望相关的表述。就埃米莉的情况而言，那是年轻的自己本应去做的事情。许多人都有过这样的想法："要是我过去如何如何，我的整个人生会大不相同。"然而，其实所有人都在当时的成长阶段做出了力所能及的最佳决定。我们不仅有关于过去的愿望性构念，还有一些其他类似的构念"我应该更明智点的""在那个年龄我本应该发展得更好"等。这表明我们对自己缺乏同情，也缺乏对成长机制的理解，要知道成长机制是向前的，而不是向后的。此外，我们根本无从知道，如果当时做了不同的决定，我们的人生会受到什么样的影响。我们所拥有的只有当下，我们在当下做出选择，我们可以明智地记住过去可能犯下的错误，并在此基础上做出选择。

对埃米莉来说，一个开放的、随时间而更新的构念可能是这样的："不管有没有经济保障，我都可以做一点艺术创作，或者做很多艺术创作。"后悔的作用是促使我们从过去的经历中吸取教训，让我们现在更加富有智慧。如果指责过去的自己如何如何不足，我们是学不到什么东西的。如果一味指责过去的自己，那就不难理解为什么后悔一直挥之不去了。

怨恨

我们来看看另一种以顽固不化著称的情绪——怨恨。生气经过处理后，可以推动我们克服生活中的障碍，让我们离目标更近一步。怨恨有什么不同呢？

在为晋升而努力的同时，艾莎注意到有色人种女性的身份影响了她的晋升之路。一些资历比她浅、才能也比她逊色的工程师都在她之前得到提拔，而她却落在了后面，上司还要求她"提高技能"，提升领导技能和领导"风范"。她仔细观察在强烈的怨恨升起前自己脑海里出现了什么想法，发现那个反复出现的构念是"世界应该是公正的"，或者"我应该受到尊重"。

她注意到，所有出现在她脑海中的表述都是这种愿望或"应该"的形式。如果把这些表述看作愿望，它们是值得赞许的，尤其当这些愿望能激励我们让世界变得更加公正时，更是如此。但如果将它们作为反映现实的构念（它们显然与现实相矛盾），就会导致无法解决的局面。

艾莎可以抱持这样一个实事求是的构念："世界往往是不公正的，我们可以通过行动来克服构念上的偏见，让它变成一个更加公平的地方。"面对周围的偏见和不公平，如果她抱有这样的构念，她内心升起的情绪就会是生气，在生气中她会调整自己的行动方向，做自己力所能及的事情。但是，由于她持有的是一个愿望性的构念而不是实事求是的构念，所以她的怨恨就郁结得越来越厉害，在工作上也越来越卖力，认为这个世界如果真的是公正的，那么只要她工作更加努力，带领更多项目，肯定会得到她想要的职位。

怨恨时，我们会根据自己对这个世界的理解行事，好像我们的愿望性构念是真实的一样，但结果是不断从世界那里得到一个个响亮的"不"字。接受当下的现实（当前不公正、种族主义或偏见存在的事实）并不意味着我们不能采取行动，进而拥有一个不一样的未来。但是，我们的构念需要准确地代表现实，而不是代表我们的希望，这样我们才有机会如愿以偿地改变现状。

挥之不去的羞耻感

健康的羞耻感让我们知道，我们的行为方式与我们渴望成为的样子严重不符，并提供了一条纠正的路径，但挥之不去的羞耻感则不一样。它似乎向我们表明，我们的本质是恶劣和糟糕的，而且它引发的行为是我们想消失得无影无踪。挥之不去的羞耻感极具破坏性的一点在于，诸如"我很糟糕""我坏透了""我很恶心"之类的构念似乎是自发产生的，仿佛它们就是我们的一部分。然而，根据我们对情绪的了解，我们应该对此高度警惕，这其中一定有什么不对劲的地方。为什么情绪会向我们表明我们很糟糕，而不是引导我们朝着目标前进呢？

我们回头看一下卡伊，记得他指出过，羞耻感是他的主要情绪之一。虽然卡伊说大多数时候他都觉得做自己很自在，但在某些情况下，他会突然觉得很羞耻。他在海边或游泳池边会尽量穿短裤和 T 恤，而且会因为自己的身体产生深深的羞耻感。他觉得周围的每个人都很厌恶他，无论朋友们怎么劝他留下，他都会想办法尽快离开。

对于持久不去的羞耻感，最关键的一点是，请记住那些似乎是大脑中自发产生的构念——"我让人厌恶"或者"我很糟糕"，最早并不是从我们的大脑中产生的。幼儿通过学习才知道如何把外界与自己联系起来，包括如何看待自己的身体。"我的身体令人厌恶"这一构念一定存在外界某个来源，可能来自看护人、其他孩子、亲戚或者媒体。就卡伊而言，是他的父亲把这种构念植入了他的脑海。他的父亲平常喜欢跑步，而且对自己的体重非常苛刻。不一定是父亲对他说了什么，而是一系列的经历把这种构念刻入了卡伊的脑海：父亲看到他换衣服时脸上露出厌恶的表情；父亲把食物从他的盘子里拿走，并强迫他大清早去跑步。

挥之不去的羞耻感的问题在于，当我们的大脑欺骗我们，让我们相信这些构念是我们自己的，并且是对我们自身的真实评价时，我们除了感到羞耻并尽量躲起来之外，别无他法。这些封闭的构念让我们无法对自己形成实事求是的看法，阻碍了我们认识自己和进一步成长的步伐。因此，找出挥之不去的羞耻感及其背后的构念是极其重要的事情。那些背后的构念助长羞耻感，给我们带来了无穷无尽的痛苦。

观察了四种不同的黏滞情绪后，我们可能会注意到一种模式。这些黏滞情绪看起来都是由不代表实际情况（包括我们自己、他人和世界的实际情况）的构念引起的，并且这些构念在很久以前就对外界的信息关上了大门。

现在是你的实践环节，请你在重新处理情绪的过程中，试着找出自己的黏滞情绪和它们背后的封闭构念。

—————— 技巧 3：重新处理情绪 ——————

到现在为止，重启自我之轮的道路已经走了一半。我们重新发现了自己的核心愿望，恢复了足够的意志力来干预我们的内在自我，现在我们该处理自己的情绪了。图 4-7 将帮助我们从人生停滞不前的领域中找到黏滞情绪，并引导我们探究是哪些构念引起了这些长期侵扰我们的负面情绪。下面是分步骤说明和一个示例。

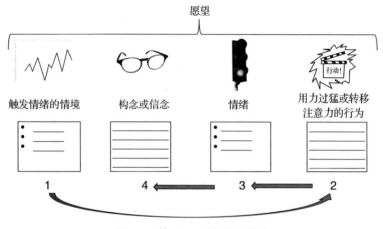

图 4-7　技巧 3：重新处理情绪

第 1 步：写下哪些情境会激发或"触发"我们产生强烈的负面情绪。这些情境会让我们想做转移注意力的事情。注意那些我们唯恐避之不及、让我们感到强烈不舒服，或者让我们想起在实现愿望的道路上的种种失败往事的事情。可以回顾一下我们在技巧 1 中是怎么做的，启发自己哪些情境会激起我们的负面情绪。

示例：设想一下我们多年来都想在经济上取得成功，但一直未能如愿。因为经济成功是我们的愿望所在，所以每当我们看到别人展示豪车、名表、奢侈衣物等财富时，每当我们查看自己的银行账号时，每当我们在餐厅不能点菜单上太贵的东西时，或者每当跟朋友谈起投资话题时，我们都会升起强烈的负面情绪。为了避免激起自己的负面情绪，我们可能刻意不去餐厅和商场，甚至不查看自己的银行账户。

只要某个情境让你产生的情绪远远强于它应有的程度，那么它大概率就是激发你产生强烈负面情绪的情境。我们通常把这样的反应称为"过度反应"。如果你和朋友在去哪家餐馆吃饭的事情上发生小分歧，你变得心烦意乱并对他们大喊大叫，就可以被视为过度反应。米饭煮煳了，你为此痛哭流涕也是一种过度反应。对你来说，这样的反应是合乎逻辑且"程度恰当"的，但外人常常不知道你这样反应的原因是什么。在对朋友大喊大叫的事情上，你生气的对象不是他们，而是刚才讨论的那几家餐馆你都去不起。在米饭煮煳了的事情上，让你难过的不是米饭煳了，而是你觉得自己无能。试着想一想，什么样的情况会导致你反应过度？

第 2 步：把你用力过猛的行为和转移注意力的行为放在方框 2 中。请记得你已经在技巧 2 中准备好了你的清单。如果出现新的行为，请随时添加。你都有哪些方法来避免黏滞情绪的出现？

示例：每当别人的财富激起我们强烈的负面情绪时，我们就会想办法通过健身或与伴侣聊天来转移自己的注意力，因为这样我们会感觉好受一些。为了让自己感觉好受，我们还可能用力过猛地做一些事情——开始阅读关于投资建议的博客和文章，重新制定更加苛刻的每月预算，等等。所有为了避免"直面"负面情绪的行为都是转移注意力的行为。请注意，即使是健身等看似健康的行为，如果它们的目的是为了避开黏滞情绪，那么它们也是转移注意力的行为。

第 3 步：在用力过猛或转移注意力之前的那一刻，你有哪些情绪？这些负面情绪总是潜伏在我们的内心深处，如果我们在转移注意力之前暂停一下，或者在我们未能成功转移注意力时，这些情绪就会冒出来。在转移注意力之前，请暂停一下，试着体会一下即将出现的情绪。如果你不确定自己感受到的是什么情绪，请随时注意当下感受到的一切，比如"感觉麻木""感觉不好"或"感觉心跳加速"。

示例：当别人的财富激起我们强烈的负面情绪，而我们又无法转移自己的注意力时，我们会感到羡慕、无望，或对自己的经济状况感到羞愧。

第 4 步：方框 3 中有一个情绪列表，问问自己在每种情绪出现之前的那一刻或情绪刚出现时，脑海中有什么想法，把这些想法写下来，越多越好。第一种情绪剖析完后，继续剖析第二种情绪和第三种情绪，直到写完为止。每种情绪背后的构念没有确定的数目，可以是一个，也可以是十个，完全依你的生活经历而定。

示例：我们可以从嫉妒开始，意识到在嫉妒出现前，脑海中浮现的想法是"我比他们聪明，所以我应该比他们有钱"。剖析羞耻感时，可能会出现不一样的想法，比如"什么样的人到了我这个年龄还没有经济保障?"，或"我一无是处"，或"我永远是个失败者"。

你也许会怀疑自己写下的想法是否"正确"。如果这些想法不是我们此前讨论的封闭构念，而只是脑海中随意冒出来的想法呢? 如何区分它们? 此时最好不要想太多。如果一个想法让我们感觉不好（无论以何种方式），让我们想做用力过猛的事情，或者会让我们转移注意力，那就把它写下来。我们将在下一章进行大量练习，认识到封闭的或"冻结的"构念有什么特点。现在，我们可以想到什么就写什么。

完成技巧 3 后，你就会知道是哪些黏滞情绪让你做转移注意力的事情，让你用力过猛地做事情，又是哪些构念或信念滋生了这些黏滞情绪。现在我们该转向下一个主题了——如何筛选脑海中浮现的所有想法，如何识别封闭构念，以及如何让这些封闭构念重新向现实打开大门。

The Possible Self

第 5 章

大　　脑

　　我们这一阶段的内心功课是反思一下哪些构念和信念导致我们无法得到梦寐以求的东西。当一个封闭构念（如"我不够优秀，无法升职"）和其他想法（如"我数学很好"或"努力工作就能升职"）一起出现在艾莎的脑海中时，她该如何辨别哪些是正确的，哪些是扭曲的呢？

　　当构念或信念出现在我们的脑海中时，我们很难不去相信它们。是什么造就了它们？是什么让它们"突然冒出来"？我们如何有选择性地挑战某些想法，而不是挑战一切呢？要回答这些问题，我们需要了解大脑是如何工作的，想法是如何出现的，以及如何识别和理解那些对外界信息封闭，因而停滞且不可靠的构念。

三重大脑

利用大脑来了解真实的自己，远比我们通常认为的要困难得多。大脑像一位训练有素的律师，可以为案件的任何一方辩护。当冻结在过去的一些构念无法反映自己或外界的现实，从而导致自我之轮陷于停滞时，我们还需要用这个大脑让自我之轮重新运转起来。

确切地说，大脑是一个核心杠杆，它能够发现自我的问题，并运用技巧和经验引导自我做出改变。我们正是这样运用大脑的，例如，我们用大脑来探寻我们的愿望，理解而不是转移强烈的负面情绪，重塑我们的部分神经系统以铺设新的神经通路。通过进一步了解大脑，我们可以学会如何更好地运用大脑。

大脑怎么能做如此矛盾的事情——既是问题的根源，又是解决问题的途径呢？大脑怎么能干预大脑呢？它能做到这一点是因为我们并非只有一个大脑。我们其实有三个大脑：①问题解决脑（意识脑）；②直觉脑（无意识脑）；③选择脑（元认知脑）。这三个大脑各有其独特的品质和盲点。我们应该熟悉这三个大脑，以便最大限度地发挥它们的潜能。

问题解决脑（意识脑）

想象一下你在一家餐厅，你和伴侣刚吃了一顿丰盛的晚餐。天色已晚，你要求结账。服务员把账单递给你，但抱歉地告诉你刷卡机坏了，你得用现金支付。你拿出钱包，看着账单，开始在心里计算 18% 的小费是多少。你的伴侣开口说了什么，但又停了下来——你显然没有在听，因为你正在心里算数。你发现就连餐厅里的音乐也让你心烦意乱，而在这之前你几乎没注意到餐厅在放音乐。但你还是设法屏蔽了这一切，经过一番短暂而费力的脑力活动，你算好了。付完账，你开始放松地聊天。

　　刚刚发生了什么？在计算小费的那几秒钟里，你启动了你的意识脑，也就是问题解决脑。这是我们最能认同的大脑，它能够进行复杂的计算，思考难题，并找到解决问题的途径。虽然我们认为我们所有的一切都是这个大脑做的，但实际上它是一个非常小、强大、耗能高、有想象力的工具。无论从它能同时记住多少东西，还是从它处理信息的速度来看，它都是非常小的。图 5-1 总结了它的特点。

　　根据最新研究，大脑能同时轻松记住 3 ～ 5 个东西。[1] 那么真正的问题在于这个"东西"指的是什么。一个电话号码可能有 10 个数字，但我们仍然能记住它，因为我们可以把区号组合成一个"东西"。住在多伦多市的人不会把数字 4、1和 6 当成三个不同的数字来记忆，因为 416 是多伦多市的区号，所以在多伦多人的大脑中 416 是一个组合。我们可以很容易地从一串随机数字中找出规律，将它们打包成组合。专家比新手能同时记住更多信息，因为他们对相关主题更了解，所以更善于将非常复杂的模式打包成组合。[2] 想象一下，与几乎记不住每个棋子如何走的象棋新手相比，象棋大师的大脑能同时记住多少"东西"。

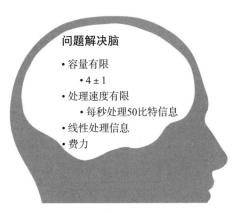

图 5-1　问题解决脑的特点

在处理速度方面，问题解决脑每秒大约能处理 50 比特的信息，相当于每秒阅读一个包含 5 个单词左右的短句。[3] 这个数字是合理的，因为问题解决脑是个线性处理器，善于处理时间序列信息。对"之前"和"之后"的时间意识让语言成为可能。例如，我们按照时间顺序排列单词来构建句子。时间意识还能让人们从过去的经历和未来的目标来看待自己，为自己构建一个身份。

问题解决脑线性处理信息的特征也使得大多数人无法同时进行两项需要问题解决脑参与的复杂任务。通常，同时做好 N 件事是指做一件需要问题解决脑参与的事情（比如在电话里跟朋友讨论一个难题），同时做一件或多件不需要问题解决脑参与的、无意识进行的事情（比如开车或叠衣服）。同时做两件需要问题解决脑参与的事情，就好比一边写一封要求很高的电子邮件，一边在电话里谈另一件很棘手的事情。对大多数人来说，这样做的结果是把其中一件事做错，或者把两件事都做错。此外，当一件像开车这样通常是无意识进行的事情需要用到认知能力时，比如当我们迷路或遇到路面结冰时，为了减轻大脑的负担，我们很可能会关掉收音机或停止与车里的人交谈。因此，要想同时做几件事，最好是问题解决脑和直觉脑（或者说复杂的心智过程和自动进行的过程）共同搭配协作。

尽管问题解决脑的特点是线性处理信息且速度缓慢，但是它造就了人类这个独特的物种。问题解决脑的优点在于它的计算和想象能力。它让人类登上月球，开展实验以发明造福人类的疫苗，破解一些早已消失的语言的密码。问题解决脑不仅有操控符号的能力，它的模拟功能还能让我们提升人际关系，建立复杂的人际网络。问题解决脑是我们继续探索科学和艺术中隐匿宝藏的关键所在。

不过，思考是一个费时费力的过程，从我们完成报税后的感觉中就能体会到这一点。极少有人会因为长时间费力思考而感到精神焕发。(我们将在下一节介绍不费力的思考过程。)问题解决脑思考问题需要花费大量精力,而且处理速度较慢,这无疑表明问题解决脑不太适合处理我们每天接收到的大量信息。反过来说,如果我们用问题解决脑处理来自外界的所有信息(例如五种感官接收到的信息)和来自身体内部的功能信息(消化食物、身体移动、呼吸),那么作为一个物种,我们是无法生存太久的——我们每天处理的内外部信息实在是太多了,问题解决脑根本无力应对。人类生存所必需的一切信息似乎都是由另一个大脑,即直觉脑来处理的,这也是所有动物都有的大脑。

直觉脑(无意识脑)

你周日早上去散步,聆听城市的声音,感受清晨的微风,看见路边的树木、商店和路过的行人,闻见手中杯子里咖啡的味道,这些纷至沓来的感官信息,几乎瞬间就能组织成一系列连贯的感官体验。如果你遇到一个朋友,问你在来时路上经过的书店有没有开门,你也许能回忆起那家书店开着门,尽管你路过时并没有特别留意。这意味着你经常可以回忆起你在无意识中收集到的信息,或者根据这些信息采取行动。这些信息一直处于休眠状态,只在你需要采取行动时,它才会被激活。

在你享受清晨漫步时，那个一直在孜孜不倦工作的大脑是直觉脑（无意识脑）。直觉脑的容量似乎是无限的，也就是说，我们不知道它的极限在哪里。即使我们垂垂老矣，眼睛和耳朵等感觉器官开始出现问题，直觉脑也从不会对感官信息设定严格的限制，拒绝处理这些信息。由于直觉脑容量巨大，所以它是我们储存所有学习成果的地方，包括我们学到的专业知识。

在处理速度方面，最保守的说法是直觉脑每秒能处理1100万比特的信息，它惊人的速度是通过并行突触处理实现的，这也是我们神经系统的一个标志。[4] 与问题解决脑每秒处理50比特信息相比，直觉脑每秒处理的信息量大得惊人。图 5-2 是直觉脑的特征总结。

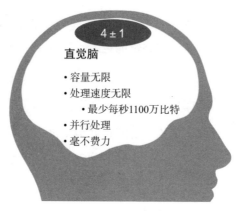

图 5-2　直觉脑的特征

　　直觉脑实际上是一个庞大而快速的数据处理器，我们所说的直觉是直觉脑经过大量的数据处理后得出的想法、情绪或行动的冲动。我们一生中学到的所有东西也都在这里耐心等候，直到我们需要时才"出现"在我们的意识中。观察一下人类的近亲类人猿，我们会发现，它们没有与人类类似的问题解决脑，但它们凭借直觉脑能够完成保卫领地、交配、抚育幼崽等一系列非常复杂的工作。

　　事实上，在一天中的大部分时间里，大部分人都可以在不启动问题解决脑，不进行活跃思考的情况下做好该做的事情。不仅大部分的大脑活动是无意识的，引导我们日常生活的大部分目标也都储存在这个无意识的网络中。[5] 例如，我们在技巧 1 中探索的所有愿望都储存在我们的直觉脑中，并在我们不一定意识到的情况下不断影响着我们。

　　此外，我们大脑中的大多数想法都不是问题解决脑"想"出来的，而是从直觉脑中"冒"出来的。与我们在问题解决脑中积极**思考**的有意识活动不同，在这里，我们只是被动地、毫不费力地**接收想法**。为什么这一点很重要？因为我们的主人公一直在斗争的封闭构念——阿比诺夫的"我本来应该多帮帮他们的"或艾莎的"也许我不配得到晋升"——是自动从他们的直觉脑进入他们的意识的。由于冒出来的都是业已形成的构念和信念，所以我们必须开发一种特殊的技巧（我们将在本章末尾讨论这一技巧），鉴别它们是不是封闭构念，如果是，那就让它们重新向新的、更准确的信息打开大门。

储存在直觉脑中的信念可能是问题的根源，但直觉脑也能给我们提供解决方案。我们晚上睡觉的时候，问题解决脑是关闭的，但直觉脑会在梦中继续联想，并浮现出图像、想法和行动。酝酿是创造过程中一个非常重要的阶段，它完全是以无意识的方式完成的，许多科学家都说他们在梦中找到了解决长期困扰他们的科学或数学问题的线索。[6]

重要的是要记住，直觉脑和问题解决脑具有同样强大的创造力。尽管神经系统使用的所有"成分"都是旧的，因为从某种意义上说，它们是由我们过去的感觉、想法、知识等组成的，但这些庞大的信息储备可以在无意识空间中以创造性的、甚至天才般的方式组合在一起。闪现在我们脑海中的想法有可能是一个了不起的突破。头顶上灯泡亮起的那个卡通形象，就象征着这些了不起的想法从无意识空间浮现到脑海中。

由于问题解决脑要消耗大量的能量，所以直觉脑的这种毫不费力的特性非常具有吸引力。除非遇到需要有意识进行思考的问题，其他的活动比如走在街上、观察周围或与人互动，似乎都不需要特别费力。即使在纯粹的认知活动中，比如坐在教室里听一场有趣的讲座，我们也很可能主要是"接收想法"。虽然我们的大脑中似乎发生了很多事情——我们在理解句子、对听到的内容进行自由联想、做笔记、产生创造性的想法——但所有这些大脑活动都是毫不费力的，我们听完讲座后可能比听讲座前更加精力充沛。我们无须刻意思考就可以有许多想法、感觉和体验，并以有趣和新颖的方式重塑我们的认知世界。这并不是说我们在讲座中没有学到知识或没有产生许多创造性的想法，它只意味着我们的无意识系统已经毫不费力地完成了这项工作。

如果我们只有问题解决脑和直觉脑这两个大脑，我们就永远无法质疑它们给出的信息。卡伊的"我让人厌恶"的封闭构念将永远伴随着他。艾莎对于什么能帮助她升职的错误规划永远都不会得到纠正。幸运的是，我们还有第三个大脑在观察问题解决脑和直觉脑在做什么。但是，究竟是谁，或者是什么，能够同时观察到问题解决脑中的思考和直觉脑中的想法呢？

选择脑（元认知脑）

想象一下，你正在一家非常心仪的公司面试。你付出了很多努力才得到这次机会，你做了充分的准备，希望能顺利通过面试。面试一开始非常顺利，面试官看起来也很友好。然而，面试进行到一半时，面试官问了你这样一个问题："你认为竞争对手的扩张在未来三年内会给我们公司带来哪些挑战？"尽管你认为自己准备得很充分，但你根本没研究过他们的竞争对手。你的问题解决脑在疯狂地搜寻关于这个问题的线索，直觉脑在顽固地保持沉默，你觉得面试要搞砸了。你脑海中只有一团混乱的想法，看着这一切，你知道从你的大脑中找不到答案，更不用说好的答案了。

刚刚发生了什么？谁在观察问题解决脑和直觉脑的行动？我们通常认为是问题解决脑在观察，以为问题解决脑既在解决复杂的问题，同时又在观察自己，这就把问题解决脑放到了一个奇怪的位置上。其实，我们能够观察到自己在思考，同时又能观察到自己在"接收想法"，这说明我们还有另一个大脑——选择脑（元认知脑）。没有它，我们就无法进行元认知，无法对问题解决脑的思考和直觉脑的想法进行观察和思考。

当事情进展顺利时，元认知脑可以悄无声息地将注意力引到与当下相关的事物上。例如，我们可以将注意力转移到我们打字时键盘发出的"哒哒"声上，转移到眼前的屏幕上，转移到突然从直觉脑"跳"到意识中的想法上，或者转移到去厨房给咖啡杯续水的行为冲动上。我们可以把注意力的"手电筒"照向昨天、十年前、下个月的天气会怎样，或者一个复杂的数学题。如果面试进展顺利，我们可以毫不费力地觉知到面试官的面部表情、周围的环境、相关问题等。

如果出现问题，比如在面试的例子里，元认知脑会将注意力引到它认为的问题根源上——我们的大脑。我们会变得局促不安。如果你是面试者，你的注意力的手电筒会照向面试官脸上不安的表情、你手心的汗水，以及你脑中的一团乱麻。你的元认知脑也会做出决定。你是假装知道，前言不搭后语地回答问题，还是微笑着承认你没有研究过应聘单位的竞争对手，暗自希望面试官不会对你印象不好，又或者是放弃回答，转身离开？无论我们是在吃力地演讲，还是第一个下到舞池里，每当我们的元认知脑启动，我们的局促不安都表明，元认知脑已经注意到可能出了问题，并将注意力从当下的事物转向我们的大脑和身体。

元认知脑不仅能引导注意力，还能做出决定。它可以帮助我们选择"吸收什么信息""认为什么重要"，以及"不去思考什么事情"。它可以注意到直觉脑中浮现出的想法，也可以选择不去注意它。问题解决脑必须处理从直觉脑中浮现出来的任何想法，这些想法往往由过去的经验和模式决定，而元认知脑可以打破旧有模式，建立新的思考、感受、愿望和行为的方式。如果没有元认知脑，所有人都将任由环境摆布，被迫在有生之年不断重复旧有的模式。

　　既然元认知脑在监控我们的两个大脑，不断寻找潜在的问题迹象，那为什么我们还会形成脱离现实的封闭构念，导致我们在人生某些方面停滞不前呢？有两个原因。首先，元认知脑有时候会睡着，松开注意力的手电筒，这时我们就会进入无意识的"自动驾驶"状态。[7]当这种情况发生时，直觉脑会接过手电筒，照亮通向无意识的愿望的方向，并通过直觉脑中的构念来看待世界。例如，如果元认知脑在我们漫无目的地浏览社交媒体时睡着了，我们就会在"自动驾驶"状态下，伸手去拿不健康的零食，完全注意不到拿零食和吃零食的行为。

　　其次，即使注意力的手电筒完全处于我们的掌控中，我们也可能继续把注意力照向他人或外界，而不是把它转向自己。要查找和更新封闭构念，元认知脑必须把注意力转回到问题解决脑和直觉脑上，这可能是件让人生厌，也令人疲惫的事情。例如，埃米莉对于她所关注的事情，也就是她的工作任务非常认真和负责，但她仍然感到不满意，也没有成就感。她该做而没做的，是她没有把注意力引向问题的根源——探究为什么她认为需要有很多钱才能拥有创作自由的构念。她只是假定这个构念是正确的。如果不引导元认知脑去照亮我们的封闭构念，我们会一次又一次地在实现愿望的道路上铩羽而归。

该不该相信自己的想法

对三重大脑有所了解后，我们可以问问自己，它们中的哪一个更有可能让我们接近自己、他人和世界的真相。直觉脑选择数据和处理数据的过程是我们无法看到的，我们是不是不应该信任它？问题解决脑的存储空间和处理能力有限，我们是不是不应该相信它？元认知脑是真相的最终仲裁者，还是由于它经常缺位，所以不值得信赖？要回答"相信谁"或"相信什么"这个问题并不简单，因为人类进化过程中一个有趣的现象让这个问题变得有点复杂。要知道，其实我们一开始相信一切。这是什么意思呢？

我们知道，自己不是看到或听到什么就相信什么的。就像科学家一样，我们能够提出和否定假设，也有能力将某个陈述判定为错误。然而，不相信某件事情比我们想象的要困难得多。心理学家的研究表明，当我们读到一句话，我们必须先相信它，然后才能"不相信"它。[8] 例如，如果我读到"蒙彼利埃是法国的首都"，我的大脑必须先在一瞬间接受它是真的，然后才能确定它是错误的。比起相信一件事，不相信一件事花费的力气更多一点。

从人类的进化历史来看，我们的大脑旋钮设定为"先相信"是可以理解的。从人类历史的角度看，在大部分时间里，

为了求得生存，我们需要根据感官提供的相关即时信息迅速
采取行动。随着语言、信念和想象力的不断进化，人类内在
和外在环境之间的关系变得复杂起来，所以我们有可能相信
一些并不能准确反映现实的东西。

在阅读、听闻或接收外界信息时，我们很容易对信息的
真假保持警惕。可是，对于我们大脑里"想出来"或"冒出
来"的想法，我们是什么态度呢？通常情况下，我们会立刻
觉得这些想法是真的，因为它们是我们的想法。它们肯定是
真的，不是吗？或者说，我们的三个大脑中是否有一个比其
他两个更真实？事实证明，问题解决脑和直觉脑一样，它们
提供给我们的信息都既有正确的，也有错误的。

问题解决脑擅长计算和为问题建模，但容易疲劳。此外，
由于它容量有限，无法很好地同时处理大量变量。[9]另外，问
题解决脑也经常根据直觉脑提供的数据进行计算。如果直觉
脑提供的数据是错误的，那么即使问题解决脑的计算完全正
确，它给出的答案也是错误的。比方说，如果我们正在决定
是否接受一家公司的工作邀请，我们的直觉脑认为老板很友
好，很乐于助人（但实际上他是一个职场霸凌者），那么问题
解决脑根据逻辑做出的接受这份工作的结论就是错误的。

直觉脑则负责我们日常的大部分信息处理工作，在处理
大量数据时表现出色，但在遇到复杂问题或走了错误的捷径

时就会磕磕绊绊。[10] 如果我们没有足够的经验（比如在学习一项新技能时），直觉脑也发挥不了多大的作用。此外，如果在结构性种族主义或环境中其他偏见的影响下，直觉脑从他人或媒体那里接收了扭曲的数据，那么看似直觉的反应实际上是对他人和世界的扭曲认知。说到底，直觉脑是一个数据处理机器，如果我们给它输入扭曲的数据，它就会给出扭曲的答案。还有，当直觉脑掌握的封闭构念等信息已经过时，但它仍将其作为现实提供给我们时，它就会不断引导我们走向错误的方向。

直觉脑的这一特点对我们改变自我的内心功课尤为重要。如果直觉脑不断浮现冻结的构念——如"我让人厌恶"（卡伊），"我当初应该多帮帮他们的"（阿比诺夫），"我不够好"（艾莎），"等我赚够了钱，我就有创作自由了"（埃米莉），那么我们对自己和外界的所有直觉都将是错误的。当卡伊和阿比诺夫等人把假设当作现实，并依据这些"现实"试图实现他们的愿望时，他们自然会在实现愿望的道路上步履维艰。我们很快就会看到，要想让"自我之轮"完全运转起来，我们需要更新直觉脑中的信息。

既然直觉脑会以一种问题解决脑察觉不到的方式误导我们，我们是不是至少可以把希望寄托在元认知脑上，希望它能始终引导我们做出正确的决定呢？请注意，元认知脑并不处理信息，而是选择信息。它将注意力的手电筒指向这组或那组数据，然后做出选择。如果元认知脑能够始终将注意力聚焦在我们自己身上，那么它就能引导我们找到真实的自我。但是，从我们偶尔会陷入无意识状态的经历中可以知道，自我审视的过程需要消耗大量的意志力，当元认知脑的意志力杯子空了之后，它就会丢掉手电筒。

我们该何去何从？在推动停滞不前的自我之轮时，元认知脑必须再次拿起注意力的手电筒，照亮大脑自身，照亮那些脱离现实、引导我们远离愿望而不是接近愿望的封闭构念。这也意味着要照亮我们经历中最不愉快的一面——那些未能实现的愿望、转移注意力的行为、黏滞情绪和难以面对的记忆。虽然不是件愉快的事情，但这种自我觉知和问题解决脑的推理能力相结合，可以引导我们重新打开封闭构念、更新直觉脑，然后重新踏上自我成长的旅途。这其中最关键的一点是让元认知脑始终把注意力的手电筒聚焦在我们自己身上。鉴于这需要耗费大量的精力，我们必须充分恢复自己的意志力（这也是技巧 2 的目的），以便继续进行我们的内心功课。

要继续内心功课，我们的元认知脑必须将注意力的手电筒照向自我之轮的各个不同部分，并寻求问题解决脑的帮助，启动有助于改变直觉脑的技术。

学习，过度学习，重新学习

封闭构念是如何进入直觉脑，并不断向我们传递错误想法的呢？我们知道，构念或信念是我们观察世界的透镜。但它们究竟是什么呢？

构念或信念是我们对世界的假设，我们依据这些假设采取行动。例如，"地板是坚实的"是一个构念，它让我们早上从床上下来，可以安心地踩在地板上。请注意，我们不需要去想它，甚至不需要用语言表达它，我们只需要把它当作真的对待就行了。"当我遇到困难时，关心我的人会想方设法地帮助我"是另一个构念，它可以帮助我们在应对这个世界时预料自己该怎么做。我们的世界是由无数构念组成的，从出生那一刻起我们就开始构建这些构念。

我们如何知道自己的直觉脑有没有把看待世界的不正确构念内化为自己的构念呢？我们可以通过它们的效果来判断。如果它们是正确的，那么这个世界就是可预测的，我们通常可以达成目标。即使不能如愿以偿，我们也会明白失败的原因是什么，以及要实现目标必须改变什么。事实证明，当我们在人生停滞不前的领域依照不正确或封闭的构念行事时，我们总会被无法预测的变化搞得惊讶、困惑和沮丧。

为升职而努力工作但屡遭失败的经历，不断考验着艾莎对自我和世界的构念。她感到惊讶的是，所有她认为能让她升职的事情，如努力工作和随时待命等，都没有奏效。埃米莉认为事业成功能让她感到满足，但她内心的不满和不安却让她的这一构念不断受挫。阿比诺夫一直惊讶于自己一再尝试减少工作量，却一直无法完成这项简单的任务。卡伊对减重失败已经不再惊讶，因为他已经将失败内化到了绝望的程度。即使他不断尝试，他内心某处还是认为自己会失败。

由于面对自己和世界时封闭且不准确的构念具有极大的破坏性，所以我们需要了解构念是如何形成、如何改变的，以及它们为什么会封闭或冻结起来。

想象一下，一个蹒跚学步的孩子正在建立一个关于"人"的认知构念。起初，"人"对她来说是她的看护人，比如母亲、父亲、祖父母和姑姑，这些"人"在大多数时候对她都很关心和照顾。后来孩子被送到幼儿园，她在那里遇到其他个头和性格不一的幼儿和看护人。现在她知道了"人"包括大人和小孩，这些新认识的人有时会关注她，有时不关注她。有一天，她和另一个幼儿为了一个玩具争吵起来，情急之下，那个以前友好的、熟悉的小孩咬了她一口。现在她知道，虽然其他孩子可能很友好，但有时他们可能会做出一些出人意料的举动，甚至会伤害她。现在，有关"人"的构念已经扩展到包括大人和小孩，他们有时友好、有时不友好，有时可预测、有时不可预测，有时安全、有时危险。随着她的成长，她会慢慢扩展"人"的构念，这将指导她安全地应对这个世界。

　　构念实际上是大脑中被激活的一组神经通路（所有学习都是如此）。我们将在第 6 章中讨论对学习有影响的事件，现在我们先用一个较为简单的比喻来说明。想象一下，将信息输入构念就像将液体倒入碗中一样（见图 5-3）。当我们构建一个构念时，也就是在学习时，我们会不断向构念中输入更多信息。简而言之，我们在不断更新关于自我、他人和世界的构念，以便更好地适应这个世界并应对这个世界。理想情况下，这种学习和更新的过程永不停歇——构念始终保持开放，信息可以随时输入。

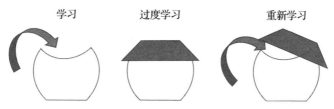

图 5-3　学习，过度学习，重新学习

　　那么，构念是如何"冻结"或封闭起来的呢？还是以上文那个幼儿园的小女孩为例，想象一下，曾经友好的孩子咬了她之后，她感到非常痛苦，以至于"过度学习"了，也就是说，她经历了一次神经事件，使得她对"人"的构念封闭了起来。新的封闭构念"友好的人最终总会伤害我"不会因随后的经历而改变。封闭构念一旦形成，就有效地阻止了该构念的进一步构建，虽然这个构念立足的信息极少，但都改变不了这种态势。在之后的很多年中，这个构念都会保持冻结状态，扭曲她对现实的看法。这样一来，她就会变得不信任别人，甚至疏远那些爱她并想亲近她的人。为什么会出现这种情况？为什么进化的压力会导致我们如此偏离现实？

说到这里，我们不妨回顾一下，我们是通过情绪系统来学习的，它帮助我们记住应该接近什么、避免什么。从进化的角度来说，合理的预防措施让我们在面临巨大危险时，能更快地学会如何保护自己。当情绪系统失调，即陷入极度不安时，神经系统会进入"高速运转"状态，并以更快的速度铺设神经通路。

我们来看一个例子。如果我们在森林里吃了红色的浆果后身体不太舒服，我们以后可能就不再吃红色浆果，直到看到别人在津津有味地吃另一种红色浆果，我们才会忍不住再尝试一次。这就是正常的"开放式构念"的学习。但是，如果我们因为吃红色浆果而差点丧命，并让我们的情绪系统进入极度不安的状态，"红色浆果等于危险"的构念可能会永远铭刻在我们的大脑中。神经系统会封闭这个构念，后来的信息再也无法对它有一丝一毫的改变。这是一种"一次性完成"的学习，会将这一构念彻底封存起来。如果你珍视自己的生命，不管别人再怎么劝说红色浆果是安全的，你也不会再去碰它。

从进化论的角度来看，这是合理的，因为当我们遇到严重危险（比方说不小心走到母熊和它的幼崽之间）并设法逃生后，如果我们不想丧命，那么我们今后绝对不会忘记这样的教训。我们可以把它看作进化过程中过度谨慎的表现。但是话说回来，这种由情绪的极度不安引起的过度学习也会长期给人类的生活带来严重的麻烦。

如果我们把自己的构念封闭起来，让它们无法随之后的经验得到更新，那么这些陈旧的封闭构念就会决定我们现在的情绪和行动。由于这些构念没有根据当前的现实情况进行更新，我们很可能会试图通过错误的方式来实现自己的愿望，并在事与愿违时大吃一惊。被咬的那个孩子在跟其他人交往时，不管他们看起来多么友好、关系多么近，她可能一直以为别人不知什么时候就会伤害自己。阿比诺夫的"我真不好，我本来应该多帮帮他们的"，艾莎的"如果我工作更加努力，他们就会更加尊重我"，埃米莉的"经济成功等于创作自由"，还有卡伊的"我让人厌恶"都是很早就封闭起来的构念。看清自己和外界是需要一些信息的，但他们无从得到这些信息。

　　请注意，就像卡伊的情况一样，我们偶尔也知道某个构念不太对，对我们具有破坏性，但我们对此无能为力。卡伊知道"我让人厌恶"这个构念给他带来了很多苦恼，他甚至尝试过用肯定自己的句子来代替这个构念，但都没有效果。请注意，让问题解决脑告诉我们"我已经足够好了"或其他类型的肯定句，就像往一个封闭的容器上倒液体一样。我们可以强迫自己的身体做事情，比如强迫它早上 5 点起床，不吃巧克力而是吃羽衣甘蓝，在它想坐在沙发上的时候强迫它围着街区跑一圈，但是，我们无法强迫自己的大脑做事情。我们可以给问题解决脑下达思考的指令，但如果这个指令与直觉脑的想法不同，大量来自直觉脑的信息会涌现到意识窗口，轻而易举地把问题解决脑淹没。这也是为什么所谓的积极思考会让人疲惫不堪，而且往往效果不佳。

　　我们都知道，对自己持有负面构念会给自己的生活带来很多负面的结果。但是，要求人们仅仅通过积极思考（反复祈祷或理性的积极话语）就想改变负面构念，就是忽视了我们的思维运作机制。要改变我们的日常思维方式，必须同时改变问题解决脑和直觉脑。由于问题解决脑无法控制直觉脑，比如告诉自己今晚想做什么梦，因此，**我们必须利用问题解决脑来构建体验，通过构建体验的方式来重建直觉脑**。这就是本书中的技巧所要达到的目的。

问题解决脑在打开冻结构念的过程中起着至关重要的作用，但它并不是通过差遣大脑的其他部分干这干那来实现的，而是在元认知脑的帮助下收集信息来设计体验，从而重建那些扭曲了我们对自己和外界看法的冻结构念。

这一点是如何发生的呢？原来，除了学习和过度学习之外，还有第三个过程，那就是**重新学习**。在重新学习的过程中，我们会打开封闭构念，让信息重新流入。在第 6 章中我们将讨论不同类型的重新学习的方式，不过首先我们需要知道如何识别人生中的封闭构念。

寻找封闭构念

在开始探索封闭构念前，先说明需要注意的一点。从这一部分开始的探索可能会引导你反思过去遇到的困难时刻，可能会勾起你一些痛苦的回忆和情绪。许多人可能更愿意在治疗师、心理学家、顾问、教练或朋友的支持下进行这种探索。无论你决定以什么方式（在他人的支持下或独自一人）探索本书接下来的部分，对你来说都是合适的方式。

现在我们来谈谈封闭构念。研究构念变化的科学家早就意识到，有些构念会正常更新，而有些构念似乎对变化"免疫"。[11] 我们会产生成千上万种关于自己、他人和外界的构念，如何才能发现那些封闭的构念呢？

在上一节中，我们说过正确无误的构念是"能起作用的"——透过这些构念的透镜看世界时，这个世界是可以预测的，我们也知道怎么做才能得到我们想要的东西。比方说，我们有"我游泳一般"的开放构念，那我们就会预料到，我们在游泳池里游没问题，但去海里游就会有点犹豫。我们还知道，如果我们想在大风天下海游泳，那得多上几节游泳课才行。

另外，如果构念是封闭的，它会阻碍我们达成自己的目标，而我们却不知道为什么。如果我们有"我面试技巧很出色"的构念，却因为这个构念不准确而一直找不到工作，我们可能就会一直感到奇怪。如果这个构念是隐性的，也就是没有以语言的形式明确表达出来，那么我们就很难将它与糟糕的结果联系起来。这就是为什么把构念用语言表达出来非常重要，我们在技巧 3 的最后一步就是要求你这么做的。

写下自己的构念后，我们就该探索其中哪些是封闭构念了。哪些迹象表明了你的构念是封闭的呢？

1. 以前多次出现过这种情况，并且以完全相同的形式出现。在危险情境中且在极度不安的情绪中形成的构念是无法再接受新信息的，也就是说这种构念不会改变、适应或发展。我们以前是否多次以完全相同的形式产生过相同的想法？如果是，这可能是一个线索，表明有一个封闭的构念在产生这些想法。这时我们不妨问问自己：第一次产生这种想法是什么时候？当卡伊回想"我让人厌恶"这个想法时，他意识到这个想法从他幼年时期，大概是小学一年级以后就一直伴随着他，而且通常是父亲在身边的时候。当埃米莉问自己"你需要经济成功才能自由创作"的想法从何而来时，她回忆起这种想法最初来自高中最后一年时与父亲的对话，当时她问父亲自己是否该去艺术学院。

即使我们不记得最初产生这些想法的确切时间，只要大致反思一下我们是在人生哪个阶段开始有这种想法的就可以了。假设我们从记事起就有"我很孤独，没人陪我"这样的想法。我们可以先问问自己，在幼儿时期、学龄前儿童时期、小学时期、中学时期有这种感觉吗？即使只是大致知道这种构念开始的时间，也会对我们解决这些问题有帮助。

2. 对情境、人和时间一概而论。 无法改变的构念往往是宽泛化或者一概而论的。"总是""从不"和"应该"这样的词经常出现在这类构念中。如果有人早上关掉闹钟，然后想"我太没用了，太懒了"，就是在从一个情境推及到整个自我。一个父母离异的孩子可能会想"有时候爱情不会长久"或者"爱情永远不会长久"。遭到朋友背叛的人可能会说"乔背叛了我"或"人是不可信的"。我们需要觉察关于自我、他人和外界的宽泛、刻板的概括性想法。当阿比诺夫想到父母受过的苦，认为"他们做了那么多牺牲不是为了让我偷懒不工作的""我本来应该多帮帮他们的"时，他是在时间上一概而论。他的父母过去很苦，但现在很安逸。阿比诺夫小时候没怎么帮过父母，但长大后帮了父母很多。这些变化都没有记录到阿比诺夫的构念中，他的构念始终是封闭的。

3. **我们害怕新的信息**。当我们持有封闭构念并拒绝信息输入时，接收到与封闭构念相矛盾的信息会让我们感到痛苦。因为我们无法把这些信息输入到我们封闭的构念中（仅仅通过思考是无法做到的），所以这种体验会给我们带来一种不和谐的或内心破裂的感觉。这就是我们经常不遗余力地回避与自己观点相左的信息的原因。[12] 知道某事但内心却有相反的感受是件很痛苦的事情。例如，根据过去一些客观的成功事件我们知道自己是有能力的，但内心却觉得自己没有能力，这就是典型的"冒名顶替综合症"。

我们很难同时接纳这些相互对立的内在现实和外在现实，所以我们可能会习惯性地接受自己信任的媒体所说的一切，因为我们相信媒体不会告诉我们一些可能挑战我们构念的事情。只看与自己预测结果相吻合的媒体，我们就不必时刻保持警惕。同样，我们可能会（从来、一直、始终）不相信"其他媒体"所说的**一切**，这样我们就不必总得分辨哪些该相信、哪些该摒弃。

要接受半年绩效考核的时候，艾莎总是非常害怕。原因是，从某个（意识）层面上讲，她知道自己既有技术能力，又有领导才能，有资格得到晋升，但又担心自己得不到晋升。得不到晋升与她"世界应该是公正的"这一构念相矛盾。请注意，这个带有理想色彩的"应该"实际上是对现实的一种防御——现实情况是，这个世界并不总是公正的。艾莎还避免与那些认为公司管理层存在种族主义歧视因而离职的朋友谈论工作。如果艾莎知道这个世界并不总是公正的，她就不会像之前那样，用一个公正世界中对晋升的标准来要求自己。相反，她会寻找新的解决办法。没有得到晋升也强化了艾莎在压力下经常出现的其他封闭构念，如"我不够聪明"或"当领导我还不够格"。这些带有评判性的话语过去经常在艾莎脑海中反复出现，这进一步表明她对自己和外界的许多构念都是封闭的。

———— 技巧 4：研究构念 ————

现在，我们来学习研究构念所用到的一些技巧。在技巧 3 中，我们通过探索黏滞情绪得出了一个构念清单，技巧 4 将从这个清单开始进行研究。图 5-4 是一个分步骤的说明，并附有一个示例。

图 5-4 技巧 4：研究构念

第 1 步：将技巧 3（见图 4-7）中第 4 个方格中的构念或信念清单移到图 5-4 的第一个方格中。然后问自己以下问题：以前是否以类似的形式多次出现过这种想法？这个想法是否推及到了所有时间、人或情境？是否包含"总是""从不""必须"或"应该"等词语？这些问题将帮助你了解这些构念是不是一概而论，换句话说，你有没有用更详细、更精确的信息更新它们。

示例：设想一下，尽管我们有深爱自己的家人和关心我们的朋友，但我们成年后的生活却依然摆脱不了孤独感。即使在家庭聚会中，我们也会感到心里空落落的，与其他人像隔着一道无形的屏障一样。在探寻这种感受的根源时，我们发现了以下构念："从来没有人陪伴我支持我。我永远也感受不到别人所说的那种联结。"我们意识到，同样的想法多年来一直以类似的形式出现在我们的脑海中。就在这个第 1 步中，我们发现这些想法包含了"永远""总是"这些概括化的词语，由此我们可以看出它可能是一个封闭的构念。

第 2 步：你最早产生这种想法是什么时候？你不需要说出确切的时间，只要大致说出你所处的人生阶段就可以了。这个问题会让你回溯这个构念最初是如何产生的。你可能会想"我一直都有这种想法"或者"我就是这样的人"，但在这种情况下，你可以提醒自己，你并不是生来就有各种构念的，这些构念是通过与环境（他人）的互动形成的。找到起源时期的一种方法是，想想自己蹒跚学步时的样子、学龄前时的样子、小学时的样子，同时问自己：那时我有这些想法吗？一旦你知道了大致的时间段，就把它放在图 5-4 中间的方框中。

示例：为了找出孤独的想法最早是什么时候产生的，我们可以用自问自答的方法来回顾一下：我在蹒跚学步时有过这种感觉吗？我们可能不记得了。我们在学龄前时期有这种想法吗？没有，我们和朋友们一起玩得非常快乐。现在回想起来，学龄前时期真的是一段幸福的时光，是我们最后一次感到与周围的人真正联结在一起的时候。那么小学时期呢？想到这里我们会停顿一下——小学时期是一个很容易让人产生疏离感的阶段。是的，小学阶段也许是我们最早产生"没有人陪伴我、支持我。我永远也感受不到跟他人的联结"这种想法的时候。

第3步：你有没有与这个构念相关的回忆？与封闭构念相关的回忆在直觉脑中往往非常活跃，因为构念大多是在我们情绪失调（极为不安）的时候封闭起来的，这往往会使我们对这些事件的记忆尤为清晰。写下与每个构念相关的所有回忆。如果你没有与某个封闭构念相关的任何回忆，也没关系。你可以只写下这个构念，以及你认为它变成封闭构念的大致时间。

示例：当我们思索"我很孤独"的构念时，可能会想起小时候放学回来，走进空荡荡的家，在父母下班回来之前，自己要孤零零地待好几个小时。经过回忆，我们知道那一定是四年级时发生的事情。四年级之前，奶奶会接我们放学，给我们做些点心，陪我们聊天，陪我们玩儿，直到父母回家。四年级时，奶奶去世了。在图 5-4 的最后一个方框中写下与构念相关的所有回忆。

找到你有哪些封闭构念，以及它们大概是在你多大的时候变成封闭构念的，或许还能回想起事件发生时的一些片段，你在这一部分的任务就完成了。接下来我们该研究自我之轮的最后一部分了，即我们的身体。

The Possible Self

第 6 章

身　体

现在，我们来到了自我之轮的最后一步。到目前为止，我们已经学习了如何重新找到自己的核心愿望，如何恢复意志力，如何找到黏滞情绪以及造成黏滞情绪的封闭构念。最后，在技巧 4 中，我们根据指导探寻了与封闭构念相关的记忆，这些记忆可以帮助我们了解自己的构念是何时以及如何封闭起来的。除此之外，我们还需要学习一个技巧。由于封闭构念其实是我们身体中的神经通路，所以仅仅知道我们有哪些封闭构念，甚至知道它们是如何形成的，并不能让它们自动重新打开。阿比诺夫、卡伊、埃米莉和艾莎经过一番努力后，都成功找到了让构念封闭起来并让自我的某些部分停止成长的早期经历。然而，仅仅知道这些并不能产生转变，也不能重新启动自我之轮。正如我们在第 5 章中所了解到的，问题解决脑不能强迫直觉脑更新或改变构念。

对封闭构念有深入了解是必要的，但仅有深入了解还不足以促成转变。它需要与一种能够打开封闭构念的体验相结合，只有这样，我们才能更新这些构念，让自我之轮重新转动起来。这样做的困难在于，让构念封闭起来的源头事件往往发生在**过去**，要更新构念，也就是重新学习，我们需要回到过去的源头事件，铺设一条新的神经通路。到底如何才能做到这一点呢？要想知道如何做到重新学习，我们必须先来探索让我们能够拥有过去的部分——我们的身体。

身体的功能

说到"身体"这个词，我们会联想到身高、体重、皮肤弹性、胆固醇、血压和心率，还会想到各种测量数据、照镜子时的感觉，或者当身体某个器官无法满足日常生活的要求时会发生什么。我们对身体的主要联想与它们的外观、生理功能（或失调）有关，甚至与它们不可避免的消亡有关。可是，所有这些并没有告诉我们身体是用来做什么的。

从进化的角度看，我们可以把身体看作由过去构成的容器，它既在当下行动，同时又展望未来。身体最明显的功能是能四处走动以满足我们的需求。与森林中等待降雨的树木不同，如果我们想喝水，我们可以四处活动寻找水源。植物的活动能力有限，而我们的身体则不同，我们可以借助它积极地满足自己的各种需求。

身体的第二个功能是承载我们的过去。我们常常忘记，我们所有的学习成果、技能，甚至许多短期和长期目标，都不过是我们过去经历的投射片段而已。我们的大脑、神经系统、肌肉、关节、器官、血细胞、免疫细胞，以及身体的许多其他组成部分承载着我们的过去，而身体这些组成部分在此时此刻的行动都受到过去"记忆"的影响。我们通过将过去的经历和学习成果与当前的动机和潜能相结合来创造我们的未来。身体承载着我们的学习成果，并在我们遇到新情况时将其运用于未来。它们是宏伟而微妙的学习机器。

为什么要用"身体"这个词来描述承载我们学习结果的容器，而不是"大脑"或"神经系统"等更具体的术语呢？毕竟这些术语会让我们联想到身体为了学习这一特定目的而进化的那些器官。首先，身体的各个部分都有能力从经验中学习，并能将"记忆"保留下来以适应新的环境。技艺高超的音乐家或运动员的肌肉和关节、器官移植患者的器官，或者因接触病毒而得到强化的免疫细胞都是很好的例子。但是，使用"身体"这个词更重要的原因是鼓励人们不再将身体看作一系列的测量数据，而是将其视为一个承载学习成果、帮助我们适应新环境的容器。只有了解身体在重演过去（包括过度学习得来的封闭构念）中扮演的角色，我们才能发挥问题解决脑的功能，引导我们在今后获得与以往不同的体验。

如果说身体承载着我们的学习成果，那么它也承载着我们过度学习得来的构念，这些构念扭曲了我们的体验。从上一章中我们知道，过度学习发生在危险的情况下，在这种情况下，情绪系统试图用条件反射式的、千篇一律的防御方式来保护我们。我们可能会条件反射式地拒绝与他人亲近，以免受到伤害，或者条件反射式地过度工作，以期感到自己有价值。滋养这些无意识模式的封闭构念储存在我们的身体中，因此要想重新学习，就必须先从改变身体开始。不过，在弄清如何干预以重新打开我们的封闭构念之前，我们先来研究一个特别容易过度学习的群体。

儿童容易过度学习

虽然构念会在人生任何一个阶段封闭起来，但为什么很多构念是在童年时期封闭起来的呢？我们知道，构念是在高度危险和情绪紧张的情况下开始封闭的。儿童之所以容易过度学习，是因为他们在成长过程中经历了一段几乎完全依赖于照顾者的漫长时期。值得庆幸的是，我们知道儿童特别善于学习，学习如何自如地应对物质世界，也学习如何自如地应对社交。我们称儿童为"小海绵"，因为他们从环境中吸收一切，而不仅仅是父母希望他们学习的东西。他们学习走路、自己吃饭和说话，同时也学习如何与自己和周围的人相处。

由于儿童高度依赖于周围成年人的照顾，所以他们自然对成年人情绪语调的变化非常敏感，尤其是对成年人表示不满和不悦的情绪极其敏感。儿童对照顾者的面部表情、声音语调、手势和动作的感知能力非常敏锐。[1]成年人可能会遭到社会的排斥和抛弃，但他们如果能够维持基本的生活功能就不会死亡。但对于非常年幼的儿童来说，被照顾者抛弃就等同于死亡。对他们来说，被欣赏、被照顾和被爱护是生死攸关的事情。因此，儿童的情绪系统可能会将其与他人的所有互动都视为充满情绪色彩的经历。这对构念的发展意味着什么呢？

即使是在最理想的情况下，童年也免不了要承受很大的压力。儿童的认知图谱还没有完善，还不擅长处理自己的情绪，意志力还未得到足够的锤炼。再加上儿童极度依赖周围成年人的照顾（而这蕴含着一定的危险），因此童年是我们最容易过早地将很多构念封闭起来的时期。成年后，如果遇到特别有压力的事件（比如失业），我们就可以用自己所掌握的技能、教育和就业市场信息来应对这些事件。我们可以运用自己的社交技能寻求帮助，接受更多教育，寻找其他就业机会。但在学校里受到同学嘲笑的孩子，往往既没有语言能力，也没有情感和认知能力来处理这种情况或向他人求助。早在我们要面对成年人的烦恼之前，我们的许多构念就已经封闭起来了，而发现这一点是不会让我们感到惊讶的。

人生重大事件

在研究了为什么会过度学习，以及为什么童年尤其容易过度学习之后，现在我们该研究构念是如何封闭起来的了。在上一章中，我们探讨了过度学习是一种"一次性完成"的情况，就好像在极端危险的情况下，构念直接被封锁起来了。不过，构念的封闭程度是有轻重之分的，我们可以认为构念不是简单地处于打开或封闭的状态，而是处于不同轻重的封闭状态，需要付出不同程度的努力来重新将其打开，让它接收新的信息。决定构念封闭程度的，是人们在认识自己或外界时所感受到的情绪困扰（以及潜在的危险）程度。

压力与学习之间的关系往往呈倒 U 形曲线。[2] 想象一下，你正在备考。压力越大，你的学习速度就越快，然而在到达某个点之后，压力大到影响了学习的程度。我们可以把这个压力的高点看作构念开始封闭起来的时候。从这个点开始，承受的压力越大，构念就封闭得越紧，相应地，我们能学到的东西也越少。[3] 最终，压力和学习之间的关系会呈现一个倒 U 形的连续体。[4] 在连续体的一端，是可以不断更新的完全开放的构念，另一端则是完全封闭的构念，而在这两者之间是不同开放程度的一些构念。

压力极大的情境可能会给儿童造成创伤，这往往会让他们的一些构念完全封闭起来。这些事件被称为"童年不良经历"（ACE），包括身体、情感或性虐待，身体和情感忽视，父母成瘾、精神疾病、暴力或监禁等。[5] 遭受过 ACE 的人通常会寻求心理治疗师、心理学家、心理咨询师或精神科医生的支持，帮助他们走出心理创伤。传统的 ACE 研究主要关注哪些生活事件对心理健康产生了负面影响，[6] 不过我们在这里关注的是"中间地带"，即介于完全开放的构念与完全封闭的构念之间的那段区域。

什么是中间地带？它是指那些没有极端到造成创伤，但仍然会让构念封闭起来的事件。我们可以把这些事件称为**重大事件**，因为它们虽然不像不良经历那样引人注目，但仍然会对我们的构念产生负面影响，进而影响到我们的人生。这些事件之所以受人忽视，通常是因为它们看起来并不极端，甚至不值得一提，但其实它们对我们的自我成长有着强大的影响。

小时候被同学取笑或者被同学弄得很难堪，受到老师或家长的批评，或者只是在重要时刻看到他们脸上不赞同的表情，这些都可能导致过度学习。总之，无论周围人的意图是什么，任何让我们的情绪受到困扰（情绪失调）、感到被排斥、不被爱、感到羞愧或被边缘化的情境，都可能造成"创伤"，从而形成神经通路，在之后很多年里，这些神经通路遇到类似的压力情境就会被激活。甚至缺乏信息——对财务、性或精神方面的无知——也会留下持久的情绪烙印，持续延缓或阻碍我们的成长。请注意，即使是在充满爱意、最具善意的家庭中长大，也无法免除孩子们经历这些家庭内外的重大事件。现在我们再来看看艾莎、卡伊、阿比诺夫和埃米莉的构念，探索一下他们人生中的重大事件。

艾莎在完成技巧4后，注意到压力情境会激活她的两种构念，即"我不够好"和"他们比我更了解我的潜力"。值得注意的是，艾莎清楚地知道自己的技能比别人更优秀，但压力巨大的工作环境仍然会让她产生"我不够好"的想法。当她回想这些构念的起源时，有两段记忆特别突出。第一段记忆是小学时候发生的一件事。她数学很好，每当老师在黑板上出一道"难题"，她都会举手，但老师总是叫白人孩子回答问题。只有在别人都不知道答案的情况下，老师才会叫她，即便如此，老师看起来也很不高兴。当她向老师抱怨他从不

叫她时，老师说他只是想让大家都有学习的机会。小艾莎因
为受到歧视而感到困扰，却从老师那里接收到了"世界是公
正的"这一信息，这让她的"世界不可能不公正"的构念变
成了一个封闭构念。她从中得到并内化的经验是，在别人如
何对待她这件事上，她的直觉是不可信的。她觉得也许老师
很公平，而她很自私，只想着自己。从这之后她就不在课堂
上举手发言了。

　　第二段记忆来自多年以后，同样与一位老师有关，这次
是在高中。艾莎认为微积分老师看到了她的天赋，并在学业
上鼓励她。有一天，老师请她课后留下来，和她谈谈未来的
打算。老师对她说："你真的应该考虑一下去社区学院。它
比大学更适合你。"艾莎当时已经向好几所大学提交了申请
书，那天离开教室时，她感到迷茫、失望和痛苦。不管怎么
样，她后来收到了大学的录取通知书，去上了大学。然而，
这种矛盾——她认为人们似乎关心她，但同时又贬低她的潜
力——强化了"他们比我更了解我的潜力"的构念。这种构
念让她继续把老师看作关心她的成年人，没有受到弥漫在她
周围的结构性种族主义的影响。

　　卡伊的情况如何呢？尽管他的父亲在他童年时期一直对
他的体重大做文章（早上 6 点带他跑步，经常从他的盘子里
拿走食物），但当他反思"我让人厌恶"这一构念时，出现的

却是另一件往事。卡伊上学前班的时候，妈妈就鼓励他自己选衣服和穿衣服。到他 6 岁上一年级的时候，他已经能得心应手地选好衣服并穿戴整齐，卡伊为自己能做到这点感到相当自豪。父亲通常在家里其他人醒来之前就去上班了，但在卡伊一年级时的一个早晨，父亲由于身体不舒服留在了家里。卡伊满心自豪地想向爸爸展示他会自己穿衣服了。不过他耽误了一点时间，当父亲走进他的房间让他下去吃早饭时，卡伊还在穿着内衣挑选衣服。那一刻，当父亲看向他时，卡伊从父亲的脸上清晰地看到了厌恶的表情。这种表情很快就消失了，父亲转身离开，让他继续穿衣服，但那种表情和内化后的构念"我让人厌恶"却一直伴随着他。

阿比诺夫的情况跟卡伊差不多，在探索"他们为我牺牲和过度劳累，现在该我为他们牺牲和过度劳累了"这一构念时，小时候偶然目睹的一幕浮上了他的脑海。10 岁那年的一天，早上 6 点左右他被父亲下夜班回家的声音吵醒。他母亲像往常一样已经起床了，在等着父亲回来，准备去上班。阿比诺夫偷偷溜下楼，听到他们在厨房里压低声音说话。他的父亲夜班做建筑工作，那天胳膊上缠着简陋的绷带，阿比诺夫听到他说接下来两周他没法干活儿了。父母在盘算着如何省吃俭用，好让一家人在这个月不至于挨饿。他听不清他们在说什么，但他们看起来很担心，也很疲惫。他悄悄回到楼上，没有被任何人发现或听到。第二天早上，他的母亲像往常一样为他和弟弟做了早饭，带着点心送他们去上学。阿比诺夫恍惚觉得那一幕好像发生在梦中，但他知道那是真的，父母为了不让他和弟弟担心，把所有的忧虑和压力都藏了起来。那一幕常常浮现在他的脑海中，让他感到愧疚，激励他更加努力地工作，以某种方式让父母的牺牲"物有所值"。

最后来看看埃米莉。她认为导致她产生"只有财务安全才有创作自由"这一构念的源起事件是她与父亲关于去不去艺术学院的那次谈话。但在探索记忆的过程中，她想起了更早的一件事，这件事至今仍让她感到不舒服甚至羞愧。那是她大约 8 岁的时候，父母在家里举办了结婚十周年的派对。当时是夏天，客人们都待在游泳池旁边和花园里。父母请来的一支弦乐四重奏乐队在花园的一处小高台上演奏音乐。埃米莉津津有味地看他们演奏，他们看起来很有风度，演奏得也很好。她以为他们站在高台上是因为他们是贵宾。但是，到了休息时间的时候，他们把乐器放在椅子上，准备下台和其他客人一起吃点东西，这时，她看到母亲快步向他们走来。她一边低声说话，一边朝厨房做手势。这一幕只有几秒钟的时间，但埃米莉明白了，母亲是让他们去厨房和服务员一起用餐。对她的父母来说，他们不是贵宾，而是"雇来帮忙的人"，是跟他们的厨师和清洁工一样的人。她感到羞愧难当，仿佛自己才是那个被羞辱的人。而正是这一刻，开启了她最终屈从于父亲的意愿、不去艺术学院的过程。

重大事件就是这样发生的，它们可能是短暂的、偶然的、转瞬即逝的小插曲，但仍然会让我们感到震撼和痛苦，让我们把关于自己和他人的构念封闭起来。即使这些构念并非一直活跃，但在遇到某些情况时，它们仍会激活我们旧有的神经通路。尽管这些早期的经历并不极端，但它们会让我们对自己和外界的构念封闭起来，让我们很难更新和修改它们。如果想重启停滞不前的成长领域，就需要重新打开这些构念。

转变的要素

怎样才能重新学习，也就是打破固有构念的束缚，让构念向新的体验敞开呢？实现重新学习的基本条件是什么？

要回答这个问题，我们需要从更广泛的角度来思考。我们目睹的大多数日常变化都是逐渐发生的。季节的交替、孩子的长大、我们的老去，都是逐渐发生的。新的语言也是逐渐学会的，我们的习惯性行为也是如此。专业知识、友谊和人际关系都是随着时间的推移逐渐建立起来的。"逐渐"是我们用来描述随着时间的推移而出现线性变化的术语。它是指开放的构念随着新经验的输入而逐渐适应和改变，这种适应和改变几乎是持续不断的。我们可以将其视为缓慢的变化。但是，要了解如何打破封闭构念的束缚，我们需要研究一种与之不同的、非线性的变化模式。

快速再学习

这里的"非线性"是什么意思？它意味着变化不是逐渐发生的，而是像地震一样快速发生的。我们都认识这样一些人，他们的生活似乎在一夜之间就"翻开了新的一页"。这是如何做到的呢？原来，当我们处于危险之中，我们的情绪系统陷入极度不安的状态（情绪失调）时，神经系统就会进入"高速运转"的状态，能够以更快的速度建立新的神经通路。我们看到的不是缓慢渐进的变化，而是戏剧性的突然转变。例如，我们已经试图戒烟多年，但如果从医生那里看到了自己的肺部 X 光片（可能显示肺癌），我们可能会一晚上就把烟戒了。这就是为什么许多国家的香烟包装上都有非常直观的视觉警告，其目的就是引起强烈的情绪失调（emotional dysregulation），从而促成迅速的改变。

研究表明，情绪失调既可能发生在遭遇创伤之前，[7] 也可能发生在创伤后的恢复期。[8] 这意味着情绪失调既可能导致构念封闭，也可能导致构念重新开放。[9] 这种变化是积极的还是消极的取决于两个因素，一是情绪困扰的强度，二是看它是由外部环境（他人或外界）引起的，还是由我们自己尝试改变（自发）引起的。例如，背着降落伞被推下飞机与自愿跳伞的效果会有很大不同。前者是被迫的，后者是自愿的。

我们还观察到，长期酗酒者在发生重大转变前，也就是突然康复前和酗酒复发前，都会出现情绪失调。[10] 即使在治疗过程中，"反弹"前也会出现一个情绪高峰。[11] 请注意，情绪失调就像一种力量，既可以把构念封闭起来，也可以把构念重新打开，至于是封闭起来还是重新打开，取决于事件所引发的情绪强度和当事人的自愿程度。由此我们可以看到，情绪失调是转变所必需的第一要素。[12]

第二个要素是"注入"到新构念中的"内容"或信息。[13] 我们可以把它想象成一种**新的框架**，也就是看待自己和外界的新的方式。神经系统已经激活，可以迅速铺设新的神经通路，但具体要把哪些内容进行编码，则取决于它获得了哪些信息。在前面的例子中，面对可能显示肺癌的 X 光片，有人可能会想"真庆幸我知道得及时"，完全把烟戒了；有人可能会想"我才不相信这位医生说的话"，反而抽得更凶。他们所做的是把新的信息，也就是关于抽烟的新框架编码到他们的构念中。

要注意的是，如果发生了情绪失调但缺少重新看待这个世界的新框架，我们的神经系统就会回到之前的状态，构念也维持不变。例如，看恐怖电影的时候，我们的情绪会失调，然后恢复正常。如果没有新的框架，情绪失调就不会带来改变，只会激活神经通路，然后再让它恢复到正常状态。

由此，我们可以看到，任何所谓的快速重新学习技术都需要两个条件，无论是积极的还是消极的重新学习都是如此：

1. **情绪失调**。它让神经系统为快速变化做好准备，重新打开封闭构念。

2. **新的框架或体验**。它们将被输入到重新打开的构念中。

现在我们已经了解了自我快速改变所需的条件，接下来我们需要区分有利于成长的重新学习与负面或强迫性的重新学习。

击垮是为了重塑

几千年来，情绪失调先于快速的自我改变，这一事实在文化层面上一直是一个公开的秘密。所有想控制个人行为的社会群体，在想让他人接受自己的构念并诱导出新的行为模式前，都会精心设计各种方法，使他人产生情绪失调。

人类学家认为，古代的成人仪式是一种促成转变的方法，是把人塑造成新个体的过程。许多成人仪式都有一个共同点，那就是仪式的主人公要承受生理和心理的双重压力。例如，狩猎部落的成人仪式是用一场暴力的仪式把年轻男孩从母亲身边和家中带走，把他们驱逐到森林里，让他们在没有食物和水的情况下生存好几天的时间，并猎杀一头凶猛的动物。除了好几天没有食物、无法睡眠和随时可能遭受危险之外，成人仪式往往还包括痛苦的文身或身体穿孔，这无疑会在情绪上引起极大的恐慌。在男孩的情绪完全失调后，会举行一个回归部落的仪式。在仪式上，长者们赋予新成员新的构念、新的角色和新的人格。需要注意的是，如果部落要等着男孩们自愿、自主决定成为猎人，它们可能要等很长时间，因为男孩们有可能不愿意狩猎和捕杀大型猎物，而是宁愿做其他事情。这些部落没有采取等待的方法，而是用仪式的方法把男孩们"造就"成猎人。这些仪式以分离开始，以重新融入部落结束。[14]

从战俘的思想改造或洗脑活动中，我们可以看到类似的过程。战俘们会遭受一系列折磨，包括剥夺睡眠、噪声、亮光、捆成各种痛苦的姿势、羞辱、隔离或很多人拥挤在逼仄的空间里，这些措施都会导致严重的情绪失调。接下来是审讯，审讯者会向囚犯灌输新的构念，例如"我来帮你，你可以这样想"，以此让战俘们改变构念或立场。

羞辱仪式是指有些团体对申请人的虐待行为，通常包括剥夺睡眠、身体羞辱和性羞辱，以及新成员必须宣誓遵守该团体的价值观。[15]邪教组织通常要求信徒与家人、朋友和所有其他能提供情感支持的人断绝关系，这会让信徒产生严重的情绪失调，然后邪教组织用一套严格的价值观和规则取代上述关系，这是新成员必须遵循的新的生活框架。

我们在职场和个人生活中很可能会遇到类似的策略。一些公司会警告年轻的求职者，如果他们得到这份工作，将会面临睡眠不足、压力巨大、没有个人时间等问题，并且必须参加强制性的社交活动，以将公司的"价值观"铭刻于心并落实在行动上。许多个人转变和领导力培训小组会要求成员公开分享个人面临的困难挑战（谁都必须分享），以此来"凝聚"团队，让他们与团队规范保持一致。

这些情境都是先从外部对个人施加生理和心理上的双重压力，之后再引入一个有利于机构、团体或活动负责人的新框架。了解胁迫性的转变，可以起到防患于未然的作用。不管是被剥夺睡眠、缺少食物，还是被迫做一些不舒服的事情或分享令人窘迫的事情（尤其是在公众场合），如果我们被这些事情搞得情绪失调，就容易在他人的诱导下做出转变。倘若我们能注意到这一点，就可以阻止这一过程。

在上一节中，我们看到重新学习需要两个条件——情绪失调和新的构念，也就是重新打开旧的构念并输入新的信息。在这一节中，我们阐述了胁迫性转变的条件，这种转变会让个体朝着强制者的目标发展：

1. 情绪失调是由胁迫者从外部诱发的。

2. 新构念是由想控制我们价值观、思想、情绪和行为的人设计和提出的。

为什么会出现这样的问题呢？首先，当其他人诱导我们产生情绪失调时，我们无法像自己主导这个过程时那样衡量和控制情绪的强度。其次，如果新的框架，也就是看待自己和外界的新方式是由他人强加的，我们的自我成长就无法自然地进行。通常情况下，如果一个团体想控制我们的行为，他们并不希望我们保持开放的构念。如果我们的构念由他们所选的框架封闭起来，那我们的行为就更容易在他们的意料之内。他们不是根据我们的潜能来改变我们，而是把我们变成他们想要的样子。和创伤一样，这种改变从本质上来说不利于自我成长。

如果我们想让自己一直抗拒改变的某些方面发生转变，我们就需要掌控这个过程。我们需要一种方法，借助它我们可以引发自愿的情绪失调，并在刚刚重新打开的构念中注入一个自己选择而非他人强加的新框架。

重新学习，疗愈自我

健康的重新学习是什么样的？如果说健康的重新学习是

自我引导的，能促进自我成长，并且促使我们的构念进一步打开而不是封闭，都需要哪些基本要素？

我们已经知道了成长性转变需要两个基本要素：**自愿的情绪失调**（打开封闭构念）和**自己的新框架**（注入到构念中的新信息或体验）。现在，我们需要研究如何利用这两个要素，让自我改变的过程有利于我们的成长，而不是对我们造成胁迫或者创伤。

要了解正确疗愈和打开封闭构念的要素，一个重要来源是 20 世纪心理学界在创伤方面所做的众多研究工作。心理创伤治疗专家巴塞尔·范德考克在他的著作《身体从未忘记》中概述了许多不同的治疗技术。其中一些是"自下而上"的技术，帮助创伤受害者在自己的身体中感到重新联结和安全，[16]还有一些是"自上而下"的技术，利用语言、想象力和洞察力的力量来解冻旧有的构念。接下来我们将研究各种"自上而下"的技术的不同特点，在此基础上设计我们自己的技术。

从范德考克对各种"自上而下"的技术的概述中，我们注意到的第一个模式是很多技术都会让人们重新体验最初的创伤事件，方法是通过书写[17]、讨论，甚至是治疗时在保证安全的情况下亲身经历一遍。[18]在心理上和情感上重新经历重大事件，既能引起情绪失调，让神经系统具有可塑性，又能激活原来的封闭构念（神经通路），通过新的框架或体验重新打开并更新这些构念。通过这种方法，我们可以激活并重新体验构念封闭时内心被冻结起来的那一部分，也就是我们的"内在小孩"。

当卡伊想起（或在脑海中重演）父亲对自己身体表现出厌恶的那一刻，他会自然而然地出现情绪失调。同样，当艾莎想起她的老师，阿比诺夫想起他的父母，埃米莉想起父母在派对上与音乐家交谈的情境时，情况也是如此。通过在心理和情感上重温当时的情境，他们会出现情绪失调，年幼时的情绪重新涌上心头，他们的情绪反应似乎定格在了过去。**在心理和情感上重温重大事件必然会引起情绪失调，而情绪失调会重新打开我们那些封闭的构念。**

从范德考克对各种"自上而下"技术的概述中，我们注意到第二个模式与什么样的新框架或体验会流入重新打开的构念有关。从之前的讨论中我们知道，如果这个框架是别人强加给我们或强迫我们接受的，那么它对我们的成长是不起作用的。相反，**新框架是我们在重大事件发生时所需要的支持、关爱、保护、信息或干预，以便我们能够完整地处理那个重大事件。**

虽说卡伊和艾莎经历的重大事件比较复杂，但什么才能让他们的构念不封闭呢？年幼的卡伊需要另外一个成年人告诉他，他长得很好看，他是被爱的，即便是父亲也会出错。

艾莎需要别人引导她接受这样的事实：即使那些自以为心怀善意的人也有偏见，也会误导我们；世界并不像我们希望的那样公正，但我们可以为此而努力。新框架就像是逆向解决当时的重大事件。还需要哪些新的体验和信息呢？在重新体验重大事件，激活旧有的神经通路后，我们在旧有的神经通路上构建新的神经通路，将这些新的信息融入其中。这并不会抹去重大事件，而是为它增添新的体验和信息，更新刚刚重新打开的构念。

通过借鉴从范德考克著作中观察到的模式，我们设计了本书中的最后一种技术。它必须包括以下两个要素：

1. **自愿的情绪失调**，其引发途径是在心理上和情绪上重温重大事件。

2. **自己的新框架或体验**，包括当时缺失的支持、关爱、保护、信息或干预，以便我们能够完整地处理重大事件。

当卡伊能够从心理上和情绪上重温与父亲相关的重大事件（情绪失调），并设法融入他当时所需要的关爱、陪伴和支持（新框架）时，他就能够有针对性地快速重塑那一组"冻结在时间长河中"的神经通路。通过这样的干预，他就能更新他的构念，重组他的神经通路，重新训练他的直觉脑，并重新处理他的旧情绪。

现在，我们来看看设计一个重新学习体验从而更新封闭构念所需要的要素：①找到导致构念封闭起来的重大事件；②找到能帮助我们处理重大事件的新框架或体验。

第一部分：寻找重大事件

在开始探索可以处理哪些重大事件的记忆从而更新构念之前，还有一点要提醒你。本书的目的是帮助你探索和重新处理那些导致自我成长停滞不前的重大事件。这样做的前提是，根据你的过往经验，你有足够的安全感来独自进行探索。如果情况并非如此，你感到不安全，那么找到你需要的支持力量就非常重要，不管是家人、朋友还是治疗专业人士的支持都可以。你可以用最适合你的方法来使用本书，自己探索或在他人的支持下都可以，重要的是找到适合自己的方式。

在技巧 4 中，我们列出了与每个封闭构念相关的记忆。怎样才能知道其中哪些记忆是我们应该处理的？要回答这个问题，我们需要了解一些关于记忆的知识。

记忆并不是过去经历的录像，而是一些重要情绪事件及其结果的摘要性记录。它印刻在我们的情绪系统中，帮助我们自如地应对当前的事件。[19]"普通"记忆带有"时间戳"，这些记忆经过大脑处理后，我们每次回忆起来都知道它们是记忆。这些记忆是记述性的，所以我们可以用语言来描述它们，还可以把它们置于我们生活的背景之中。最重要的是，它们不会不请自来地出现在我们的脑海中。**是我们去回忆，而不是回忆主动来找我们。**

重大事件和不良事件的记忆则具有完全不同的性质。当它们发生时，我们往往不是用大脑体验它们，而是用身体感受它们——一些场景、味道、声音和动作的片段。当记忆重现时，我们的身体仍然可以再次感受到那些场景、味道、声音和动作。[20] 例如，每当卡伊回想起他看到父亲脸上厌恶表情的那一刻，他的身体就会感到一阵战栗和寒意，一如他小时候第一次看到那种表情时的感受。更重要的是，这些记忆可能具有侵扰性。它们可以在白天被嗅觉、听觉、触觉或图像唤起，也可以在夜间引发噩梦，还可能被我们的想法触发，让我们的思绪回到过去，让我们很容易忘记自己在哪里、在做什么、和谁在一起。为什么直觉脑会不断重新激活这些过去的经历呢？如果还记得前面几章讨论过的内容，我们就知道，对直觉脑来说，未解决的问题总是处于"此刻"。因此，让我们关注到这个问题是直觉脑在向我们发出信号，告诉我们还需要重新处理这个问题。[21]

记忆的这些特点，对我们为技巧 5 选择记忆有什么影响呢？你可以问自己两个问题：

1. 当你想到某个构念时，哪些过去的记忆会闯入你的脑海？ 这些记忆都是在我们感到不安时突然出现的，有时还会伴随着一些感官片段（闪回的场景、声音、气味或身体不舒服的感觉）。

2. 你对过去发生的这些事件还有强烈的情绪吗？ 人们很容易认为，对于过去的重大事件一直怀有强烈的负面情绪是很自然的。从关于情绪的章节中我们知道，情绪本应是暂时的，来得快去得也快。所以，如果情绪一直存在，就意味着我们需要重新处理过去的威胁、损失或障碍。

如果你对这两个问题的回答都是"是"，那么你在下一个技巧中就有了很好的素材。但在此之前，我们需要学习如何找到新的框架或体验，以便在重新打开构念后把这些新的框架或体验输入其中。

第二部分：寻找新框架

我们可以用两种方式来看待重大事件问题的新框架：一是把它们视为信息，二是把它们视为体验。

如果把新框架视为信息，我们将遵循认知行为疗法的初始步骤——注意到那些无益且僵化的认知构念，并探索什么构念对我们更有帮助。

例如，当艾莎想起她的老师鼓励她上社区学院而不是大学，进而反思"可能他们是对的，我不够好"那个封闭构念时，我们可以想一想，她在 17 岁时需要听到什么实事求是的构念，才能阻止"我不够好"那个构念封闭起来。新的构念可能包括这样的见解：即使关心我们的人也会受到偏见的影响；我们钦佩的人有时也会让我们失望；几段负面经历并不意味着以后找不到能给予我们安全感和支持的老师和导师。新的构念可能还包括一些反思：钦佩的人让我们失望或看不见我们是很痛苦的事情，但这同样是我们可以处理的事情，我们以后可以一如既往地相信自己对自身技能和能力的直觉。

研究旧构念的一个好处是，随着年龄的增长以及经验和洞察力的增加，我们可能已经掌握了更新旧构念所需要的信息。此时我们可以问一个很有启发性的问题：我们怎么能在"掌握"这些新信息的同时，却仍然对同一主题抱有封闭的构念呢？这也引发了一个问题：为什么认知方面的洞察本身并不是总能带来转变？从我们对重新学习的了解来看，在没有情绪失调的情况下，单凭认知方面的洞察似乎并不能改写我们原有的构念，它只是一个单独的信息片段，还未成为无意识本能的一部分。问题解决脑可以存储新的信息，但不能强迫直觉脑更新它的记忆存储。看来，要实现转变，我们需要**同时激活**情绪和大脑。情绪失调会让神经系统更具"可塑性"，之后我们可以将新的洞察输入到重新打开的构念中。

另一种看待新框架的方式即不是把它视为信息，而是将其视为体验。以卡伊为例，6岁的卡伊曾试图处理父亲脸上厌恶的表情，新的信息——他的身体并不令人讨厌，他本身的样子很可爱——不太可能轻易地传达给那个 "6 岁的卡伊"。找到新框架的一个简单练习是想象我们的弟弟妹妹、孩子、侄女或侄子处于类似的境况时我们会怎么做。如果我们走进房间，我们会怎么做？在卡伊的例子中，我们很可能会告诉卡伊，他的身体并不令人讨厌，而是很可爱，我们还会安慰他，让他感到安全，感到有人爱他、欣赏他和保护他。对于那些在生命早期就已经封闭的构念，我们在神经系统中 "重写" 的不仅仅是信息，还有体验（感到安全、有人看见我们、爱我们、保护我们）。作为成年人，我们现在可以向年幼的自己提供我们所需要的东西。

需要注意的是，只有当我们在生命的某个阶段感到安全、被爱和被保护时，我们才能够自上而下地使用体验来转化自己的构念。经历过极端创伤的患者可能一生都没有这样的体验。对他们来说，促成这样的体验需要更多种 "自下而上" 的技术，也需要进行更长时间的治疗。如果在寻找新框架时，你觉得自己不确定新的框架是什么，也不确定这种体验应该是什么感觉，那么你最好还是在专业的环境中针对自己的创伤进行相关的治疗。不过，如果你觉得你知道年幼的自己需要什么来阻止构念封闭，那就把这些内容写下来，这对你使用技巧 5 会有所帮助。

　　关于新框架，还有最后一点需要说明。从前面的章节中，我们知道了神经系统具有可塑性，而且情绪失调时我们可以铺设新的神经通路。有鉴于此，我们可能会问："为什么不改写过去，铺设新的神经通路，告诉我们在自己身上从未发生过任何问题？"无法偏离现实的第一大原因是，被激活过的神经通路是无法被抹去的，只可能减弱其活跃程度。除了严重的脑损伤外，大脑中不存在可以删除体验的按钮。第二大原因是心理上的。生活中充满了挑战，我们希望自己的神经系统能够对挑战严阵以待，而不是假装它们不存在。即使是时常不请自来的回忆和直觉脑对创伤的持续"激活"，也是在提醒我们有一个尚未解决的老问题。解决和处理旧有问题（逆向处理）有助于我们在当前和未来更有韧性地应对日常生活的挑战。

设计重新学习体验

　　在前面的章节里，我们找到了想要处理的重大事件，并探索了新的框架和体验，现在我们将尝试设计一种技术，用它来重新打开我们那些封闭的构念。我们已经知道了有益于成长的重新学习的必要条件，所以每个人都有可能设计出最适合自己的独特的重新学习体验。不过，如果你更想使用已有的技术，我们可以将范德考克在《身体从未忘记》中提到的各种技术结合起来，博采众长、融会贯通，提供一种简单高效、不会耗费很多资源和能量的技术，帮助你重新打开封闭的构念。

我们知道，我们可以在大脑中（通过想象来重现事件并应用新框架或体验）、在与他人的交谈中（如在治疗环境中交谈或与支持我们的人交谈），甚至在团体治疗情境中（如结构心身疗法（Pesso-Boyden Psychomotor system））以非语言的方式使用技巧，不过在这里我们将采用心理学家詹姆斯·彭尼贝克（James Pennebaker）的方式，他的"书写披露"的干预方式鼓励参与者用书写的方式来获得体验。他要求人们连续 4 天，每天花 15 分钟的时间针对人生中最难过的事件写下自己最深刻的想法和感受。研究表明，彭尼贝克的这种干预方式对健康、认知和行为都有显著的益处。[22] 它不仅对时间和资源要求不高，而且用写作的方式将语言从大脑中外化到纸面上还可以提高我们通过语言符号来探索自我的水平，让我们对自己有更深入的了解。[23] 在时间和资源上，它只需要纸、笔、不受干扰的空间，以及 1 小时的时间。

对于书写的内容，我们将借鉴结构心身疗法的观点，该方法最为人所知的是使用一种名为"结构"的团体治疗形式，在治疗中用"替身"来替代重大事件中的人物。例如，如果卡伊去参加这样的治疗，那么治疗过程将会重现当时的场景，只不过除了卡伊的亲生父亲以外，还会有另外一个角色"介入"，为卡伊提供他当时需要的支持、保护和关爱。[24] 人们很贴切地把结构心身疗法称为"创造新的记忆"，在这种疗法中，一切都是通过身体动作来实现的，不过我们将通过写作的方式来模拟同样的体验。

除了彭尼贝克的书写疗法和结构心身疗法外，范德考克在书中还介绍了许多其他方法，可以有效地帮助我们完成最后一项练习。我们可以从中选择一种，或者根据自己的需要对其进行调整。

在下一节中，我们可以试着把本章中介绍的两种重新学习的方法结合起来，以期提炼出更新封闭构念所需的体验。

技巧5：重新学习

这是最后一个技巧，也可能是最难的一个技巧。请记住，如果在没有专业人士帮助的情况下独自使用这个技巧，遇到困难时你可以继续，也可以随时停止。图 6-1 和以下的说明是使用本技巧的指导。

第1步：找到你想处理的重大事件。 从技巧 4 得出的记忆列表中选择那些<u>侵入性的、能引起你强烈情绪</u>的记忆，将它们放入图 6-1 的第一个方框中。

示例： 我们继续使用技巧 4 中的例子。设想一下，无论有多少人关心我们，我们都会感到孤独和疏远。在技巧 4 的示例部分，我们探索到的记忆是放学回到空荡荡的家，一个人要孤零零地待上好几个小时。在探索这段记忆时，我们意识到它还与奶奶去世有关，奶奶生前接我们放学，陪着我们直到父母下班回来。我们注意到，这段记忆经常不请自来地浮现在我们的脑海中，每当这个时候，我们会感到更加孤独和悲伤。

图 6-1　技巧 5：重新学习

第 2 步：找到新的框架或体验。设想我们的兄弟姐妹、孩子或亲人遇到了同样的情况。如果我们目睹他们的遭遇，我们会对他们说些什么，或者做些什么？我们也可以想象成年的自己回到年幼时的自己身边，提供我们当时所需要的帮助，从而避免年幼时的自己过度学习。在图 6-1 的第二个方框中写下我们会对年幼时的自己说的话。如果没有一个新的框架来理解当时的情况，或者重大事件刚发生不久，抑或我们感觉不安全，那么最好跳过这个练习。

示例：在那种情境下，我们需要什么帮助才能不感到孤独和孤立呢？我们需要一位成年人陪同我们，告诉我们自己是安全的、受到保护的，并帮助我们理解，即使有时我们没人陪伴，但仍然有人爱我们和关心我们。我们还需要有人解答关于奶奶去世的问题。人死后会发生什么？如果父母去世了，我是不是就孤零零一个人了？我们需要知道死亡是生命的自然组成部分，即使他们离世了，我们仍然可以爱他们，如果父母发生了什么意外，我们仍然是安全的，仍然会有人照顾我们。

第3步：写作。回到我们正在处理的重大事件情境中，详细地把它写下来。我们需要让自己感受到事件发生时的所有情绪，这将激活旧的封闭构念，并提供改变所需的情绪失调。写完后，我们可以以成年人的身份走进当时的场景，对年幼时的自己进行干预，与年幼时的自己和其他重大事件中的"参与者"交谈。在年幼时的自己开始感受到安全、爱、支持和保护之前，我们应尽量确保自己不"退出"场景。这一做法将建立新的神经通路，重新打开封闭构念，让它接受新的体验。

重要的是要记住，这是一项自愿的情绪失调练习，所以只要你感到不舒服，无法继续下去，你尽可以随时停止。

最后，如何知道这个练习有没有起作用呢？到了第三天，你可能会注意到，随着构念的更新，情绪上的紧张感开始消散，对事件的记忆也变成描述性的，记忆变得连贯，并且有了"时间标签"。也就是说，这些记忆不再具有侵入性。

示例：20 分钟的写作练习大概是这个样子："我 10 岁的时候，奶奶因心脏病去世了。她去世后没有人接我回家了，我只好自己回家。到家后，我把所有的门都锁上，打开电视，但我还是感到害怕。我会盯着时钟看，如果父母下班晚了，我会以为他们也出事了，也死了。我感到非常孤独。如果我能回到过去，我会走进客厅，和小时候的自己坐在一起，告诉他我会陪着他，有人保护他，他很安全。我还会告诉他，虽然父母不能陪伴他，但他们仍然爱他、关心他。我还会向他解释，有时候我们爱的人会去世，就像奶奶那样，但这是生命中自然的一部分，即使祖母已经不在了，他仍然可以爱她，在心里感受到她的存在。我会拥抱年幼时的自己，告诉他我爱他，他很安全。"

照这个样子写 20 分钟。接下来两个晚上重复这个练习。我们可以用同样的话开头，也可以换句话开头，写的时候想到哪句话就用哪句话开头。

第 4 步：用其他重大事件重复该练习。如果觉得这个练习有用，我们可以依次找一些与同一个构念相关的其他重大事件进行练习，也可以结合正在努力实现的愿望，寻找与之相关的构念进行练习。

　　示例：如果练习有效，我们可以找另一段与之相关的记忆进行练习。例如，上学时其他孩子都在一起玩，而我们却孤零零地在旁边吃午饭。尽量把图 6-1 中第一个方框里列出的记忆都练习一遍，练习时依次重复第 1 步到第 3 步。

The
Possible
Self

第 3 部分

运转中的自我之轮

The Possible Self

第 7 章

协 同 行 动

　　我们自然而然地成长和发展，潜能指引和推动着这一切，这种潜能体现在我们的兴趣和我们热爱的事物上，它们可能是想法、技能、爱好、职业，也可能是我们所爱的人。这就是为什么当我们的成长停滞或停止时，我们会感到如此痛苦。当我们逐一探索自我之轮的各个部分——动机、行为、情绪、大脑和身体时，可能会觉得它们似乎是相互独立的，很难理解它们是如何共同发挥作用的。就像医学院的学生在分别学习了人体的各个部分后必须面对活生生的病人一样，我们现在需要看看自我之轮的这五个不同的部分在协同运转时是什么样子的。

让自我之轮运转起来

图 7-1 展现了我们的全套工具，可以帮助我们推动停滞不前的"自我之轮"。

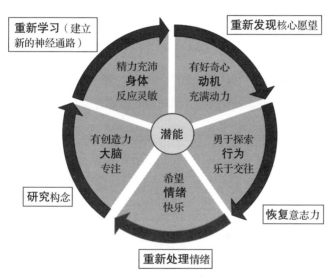

图 7-1　推动自我之轮的工具

我们可以因为自我的任何部分出现问题而进入自我之轮。我们可能会觉得无论多么努力都无法实现自己的愿望，或者即使实现了一些重要目标也感到不满足，没有完全活出自己。我们可能被自己制定的行为计划搞得倦怠不堪或筋疲力尽，这些计划把我们的生活变成了一连串的任务，只有在完成这些任务后，我们才会感觉良好。我们可能在难以消除的情绪，也就是反复出现的羞愧、内疚、悲伤、怨恨或后悔中挣扎。我们可能被一些明知对自己生活不利的固有信念困扰，却无法摆脱它们。最后，我们可能因为很久以前受到的伤害而感到痛苦，却不知道如何应对。无论什么原因让我们开始内心的功课，我们都可以从那一部分开始。

阿比诺夫是从动机部分进入自我之轮功课的，他不明白自己为什么不断尝试却怎么也无法实现减少工作量这一本应很简单的愿望。卡伊被他的节食和锻炼计划（行为）搞得疲惫不堪，并深受羞耻感（情绪）的困扰。艾莎在试图变得自信时感到挫败（行为），并为"不足以胜任领导职务"的侵入性想法而苦恼（大脑）。埃米莉感觉缺乏满足感，觉得没有完全活出自我（情绪）。无论你从哪一部分进入自我之轮的功课，你都可以按照自己觉得最自然的方式进行探索。如果你喜欢更有条理的方式，可以按照以下步骤进行。

1. **重新发现核心愿望：这是我们自己的愿望，而不是外界的愿望。**艾莎一开始想要升职，但后来她明白需要先学会珍视自己，并相信自己足够优秀，完全可以胜任她想做的事情。卡伊一开始希望他的节食计划"管用"，但后来意识到他需要先改善与身体的关系。阿比诺夫发现自己在试图减少工作量的事情上屡试屡败，而后意识到只有着眼于父母现在的生活而不是过去所受的苦难，与他们建立一种充满爱意的关系，他才有可能减少工作量。埃米莉之前认为自己没有什么想要的东西，因为她已经实现了所有的目标，但后来意识到她压抑了自己的核心愿望——对创造力的渴望。

2. **恢复意志力**。没有足够的精力，我们就无法完成内心的功课。疲惫不堪时我们会完全回到以前的做事方式。恢复意志力意味着停止许多耗费精力的行为"计划"，更好地恢复自己的能量，减少转移注意力的行为，将意志力转向内在的改变。艾莎在改变自己的过程中，不再执行她强加给自己的行为规则（比如每次开会至少发言三次，晚上总是最后一个离开公司）。卡伊也停止了非常束缚自己的节食和健身计划。他们改变了做法，转而把意志力用在推动自我之轮上。

3. **重新处理情绪**。我们停止转移注意力的行为和行为规则时，必然会面对一些长期黏滞不去的情绪，这些情绪在旧构念的影响下不停地向我们发出信号。阿比诺夫只有在练习中深入体验了负面情绪后，才意识到自己一直被内疚感困扰，这让他洞察到自己无法减少工作量的真正原因是什么。而卡伊则切实认识到，那些如影随形的羞耻感并不是因为"他本性如此"，而是他的旧构念和早期经历造成的，而这些是可以改变的。

4. **研究构念**。一旦我们知道了哪些负面情绪会反复出现，就可以找到并探索那些持续激活黏滞情绪的旧信念或封闭信念。艾莎的"我不够优秀"和埃米莉的"我需要有经济保障才能自由创作"都是在重大事件的压力下封闭起来的构念。回到过去的场景追溯这些构念的根源，可以帮助他们有效地使用最后一个技巧。

5. **重新学习**。我们在这一步找到新的框架，并努力通过新的体验来重新打开和更新我们的封闭构念。这将恢复和治愈自我中那些长期被忽视的部分。艾莎、埃米莉、卡伊和阿比诺夫都找到了一些可能导致他们的构念封闭起来的重大事件，并通过重新学习这一技术来处理这些事件。

虽然这个过程看起来是非常明了的线性顺序，但我们有时候可以在"瞬间"完成自我之轮几个不同部分的功课，也就是说，我们无须费力地一步步处理，就可以洞察到某种情绪、构念或记忆。我们在自我成长方面都拥有丰富的经验。哪种顺序最适合我们，我们就使用哪种顺序。检验内心功课是否"奏效"的标准是：我们感受到有满足感（动机）、意志力得到恢复（行为）、负面情绪短暂而非长期（情绪）、构念符合现实且及时更新（大脑），以及能够把之前非常痛苦的事件转变成正常的记忆（身体）。

你可能会好奇，为什么本书中介绍的所有技巧都以"re"[⊖]开头，如 rediscovering（重新发现）、restoring（恢复）、reprocessing

---

⊖ 英文中表示"重新""再次"的前缀。——译者注

（重新处理）、researching（研究）和 relearning（重新学习）。这是因为自我中停滞不前的部分被困在过去。内心功课就是重新处理过去的问题，让自我能够自然而然地继续成长。

当停滞不前的自我之轮开始运转后，我们可能会认为自己终于完成了内心的功课。然而，我们会注意到一个有趣的现象，那就是我们仍有愿望、仍在努力、仍在发展和成长、仍有可能在其他事情上遇到瓶颈。不过知道了内在变化的机制，我们便不那么容易感到绝望和无助。每当发展动力减弱或停滞时，我们都可以重新运用这些技巧。

在卡伊与自己的身体重新建立了更健康的关系后，他得以从一直与他如影随形的羞耻、厌恶和绝望中解脱出来，开始自然而然地更加关爱自己。然而，他心中的轻松和喜悦很快被一种新的困扰取代。他意识到，虽然自己已经快 30 岁了，但还没怎么真正约会过。他之前一直认为是自己太胖妨碍了他约会，但现在他意识到真正的原因是他缺乏建立和维持亲密关系所需要的社交技巧。即使面对与他互有好感的人，他也感到局促和焦虑。虽然意识到这一点让他很沮丧，但卡伊心中并没浮现往常那种熟悉的绝望感。有了推动自我之轮并改变的经历，他现在知道需要时他可以再次推动自我之轮。

艾莎在自我之轮开始运转的几个月后离开了原来的公司。一旦她理解并感受到自己的价值，并开始相信对自己能力的直觉判断，她对老板和同事的怨恨就被对不公和偏见的愤怒取代，这种愤怒是因现实而起的愤怒。与领导谈过几次话后，她明白了领导不想为了挽留她而做些什么，于是她在竞争对手公司找了一份更好的工作。到了新公司后，她意识到自己想在新公司为有色人种女性组织一个指导小组，帮助她们应对职业生涯中遇到的各种内在和外在的复杂问题。虽然带头发起这样一项倡议让艾莎发怵，但她觉得她的使命给了她很大动力，无论看起来进展多么缓慢，无论多么困难，她都坚持不懈地推动项目向前发展。

当埃米莉意识到她不必等到财务自由再发挥自己的创造力时，她又开始画画了。令她苦恼的是，她发现自己并不像小时候那样喜欢画画了。于是她开始探索其他发挥创造力的方式。经过几个月的尝试，她发现自己非常喜欢写小说，尤其是爱情小说。一开始，她觉得很难为情，甚至连最亲密的朋友都没有告诉。不过一段时间后，随着她对"我的朋友应该钦佩我"这个封闭构念做了更多的内心功课，她开始在这件事上坦诚多了。一年后，她意识到自己已经深深地爱上写作，于是开始减少在公司的工作时间，把更多的时间用于写作。

阿比诺夫开始减少工作量后，以为自己的所有其他问题都会自动解决。虽然他与家人的关系有了明显改善，但他意识到，多年来的过度工作已经让他的身体状况很糟糕。他习惯用不健康的零食为长时间的工作补充能量，三餐不定时，睡眠也不足。有了更多空闲时间后，他以为改善健康状况会很容易。但他发现，无论他有多少空闲时间，他的健康状况都没有改善。原来，阿比诺夫已经学会了抑制身体发出的不适信号，因为这些信号与总是需要长时间工作相矛盾。多年来，他一直忽视身体发出的信号，即使现在空闲时间多了，他也不知道怎样才能不忽视它们。作为一名理疗师，他"在理论上"知道他该怎么做，但实际上却没做，这真是有点讽刺。最后他决定把注意力放到新的愿望上：与身体重新建立良好的联结。

大多数内心功课的最后走向基本都是这样：我们想实现自己另一方面的潜能，在成长之路上继续前行下去。

这是一项长期工作

在各种各样的要求不断加在我们身上的情况下，我们该如何保持成长？虽然这并不容易，但我们可以尽力在生活中为自己留出一些自我成长的空间，然后发挥我们的聪明才智好好利用它。以下是我们可以做的几件事。

寻找时间。花时间做内心功课意味着我们必须从其他地方抽出时间。大多数人的日程表都被他们认为有意义或必要的事情填得很满。即使这些事情既没有意义也没有必要，人们好像也很难放弃它们。这里的建议是，我们要清楚自己想要从哪里抽出时间，并且充分意识到自己将失去什么、希望得到什么。

寻找空间。一个小小的私人空间，如私密的房间、洗衣房、咖啡馆的一个角落，会对自我成长有很大的帮助。在自我成长的过程中，与他人待在一起，甚至周围有让我们想起他人的东西，都会把我们拉回到我们一直努力对外界维护的角色和故事中，让我们无法触及自己真实的、脆弱的一面，而面对自己的脆弱是做内心功课必须跨出的一步。

接受，然后改变。这好像是一个自相矛盾的要求——在尝试改变之前，我们需要先接受自己的现状。我们可能会认为，最快、最积极的自我改变的起点是强烈的自我批评或自我憎恨。事实却恰恰相反。对当前状态的同情和接受是通往自我成长最有弹性的跳板，我们可以从这里大步开始自我成长。我们可能会问，如果接受自己的现状并且觉得"很好"，为什么还要费心去成长呢？这是因为我们可以在当下接受自己的局限，同时又渴望在未来突破这些局限。

不要留恋创伤。许多人都找到了与痛苦和恐惧共存的方法，甚至用它们来激励自己取得成就和成功。当我们努力治愈创伤时，我们可能会想：如果治愈了创伤，是不是就没有东西激励我们了？如果我们觉得是创伤让我们成功，为什么要治愈它们呢？这是因为，我们的动力不仅来自恐惧，还来自探索、好奇和兴趣。无论是逃离危险，还是奔向所热爱的事物，我们都会跑得飞快。唯一的区别是，逃离危险会让我们停留在路上第一个安全的地方，而奔向热爱则会把我们带到我们的潜能所在。我们可以在治愈创伤后，仍然为自己的伤疤感到骄傲，同时继续在多年锤炼出来的坚韧精神的鼓舞下成长。

要有耐心。认识自己并不容易，了解本书所写的所有内容也是如此。认识自己可能比读一本用已经消失的语言写的古书更困难。与那些古老的书籍不同，我们仍在不断被书写。就像学习一门新的语言一样，耐心会对认识自己大有裨益。

自我成长很难，不过好在它是一项长期的工作。无论我们学到了什么技能——找到核心愿望、恢复意志力、处理情绪、质疑自己的想法或治愈创伤——只要我们一息尚存，都可以不断练习和巩固这些技能。的确，自我成长是一项耗时耗力、不无痛苦且需要勇气的工作，可能是我们在感到支离破碎和痛苦时最不想做的事情。不过，自我成长也能让我们实现愿望，感受到自我完整之美。在这件事上，没有人能代替我们。只有我们自己才能找到自身潜能的那根无形的、不断牵引着我们前行的线。无论我们多么疲惫，它都在那里等着我们。

附 录

附图 -1 阿比诺夫的自我之轮（过度工作）

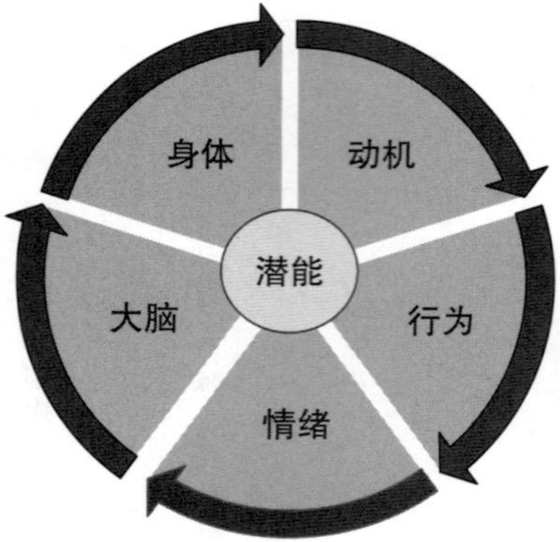

我的愿望：
• 不再强迫性地工作，有时间去改善亲密关系。
• 重拾对生活的热情。
• 保养身体。
• 确保父母经济状况良好。
• 我想感觉我的生活是属于我的，而不是总为别人操心。

分散注意力的行为：
• 幻想赚了钱能为父母买什么（更好的房子、更好的车）。
• 浏览社交媒体。
• 频繁查看银行账户。

用力过猛的行为/强迫行为：
• 疲惫或压力大时仍继续工作。
• 工作到深夜。
• 休假时工作。

动机　行为　情绪　大脑　身体　潜能

我的感觉：
• 不堪重负
• 不工作的时候感到焦虑
• 内疚
• 伤心

我的身体记忆：
• 爸爸下夜班回来，疲惫不堪，带过去的三明治他也没吃。
• 爸爸的胳膊受伤了，两周不能工作，我听到父母压低声讨论家里的钱够不够这个月吃饭。
• 父母让我和弟弟穿漂亮衣服，背漂亮书包去上学，但从来没给自己买过什么东西。

我的想法：
• 父母为我和弟弟辛苦了一辈子，我永远无法报答他们为我做出的牺牲。
• 他小时候本应该多帮他们的。
• 他们为我牺牲和过度劳累，现在轮到我为他们牺牲和过度劳累了。
• 既然我工作这一部分还不错，那我干脆多工作一些好了。

我的愿望：
- 身体健美。
- 身体健康。
- 身形清瘦。
- 身体强壮。

分散注意力的行为：
- 压力大时吃东西。
- 吃饱了还继续吃。
- 疲劳时吃东西。
- 必须超负荷工作时，把吃东西当作"奖励"。

用力过猛节食行为/强迫行为：
- 反复节食一反弹。
- 过于严格的锻炼计划。
- 稍稍打破节食/日常惯例，就会完全放弃节食/日常惯例。

（轮盘中央：潜能。各区块：动机、行为、情绪、大脑、身体）

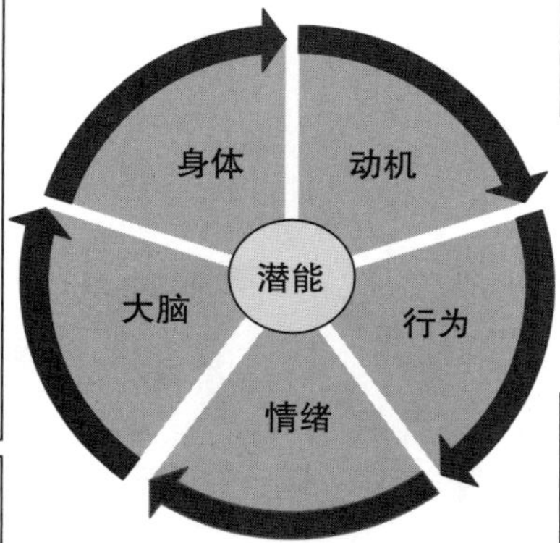

我的感觉：
- 自己难看
- 厌烦
- 羡慕身体健美的人
- 绝望
- 羞耻

我的身体记忆：
- 等父母下班的时候，我孤零零地坐在电视机前吃甜食，因为我觉得孤单又无聊。
- 妈妈最幸福的时光是给全家人做饭，看着我们吃饭。
- 我不开心的时候，妈妈就会把我最喜欢吃的东西拿给我。
- 有一次，父亲看到我换衣服，脸上出现了非常嫌弃的表情。
- 父亲会在早上6点叫醒我和他一起去锻炼。
- 吃饭时，父亲把我盘子里的饭拿走。
- 我在学校被同学取笑"胖"，其他孩子都笑我。
- 10岁那年，我在生日聚会上吃了两片蛋糕，表哥嘲笑我。

我的想法：
- 我让人厌恶。
- 我一直都比较胖，没有必要要改变。
- 如果不把妈妈做的饭都吃光，她会以为我不爱她。
- 我太忙了，没有时间每天锻炼。
- 人老了，身体就会变得肥胖松弛，这是没有办法的事情。
- 如果我改变烹饪和饮食习惯，我的社交就会受到影响。

附图 -2　卡伊的自我之轮（不健康、不健美）

我的原望：
- 感到脚踏实地，不再焦躁不安。
- 对自己的生活感到满足。
- 有创造力的出口。

分散注意力的行为：
- 不停地查看投资情况。
- 计划与家人和朋友一起去奢华度假。
- 把自己的每一天都安排得满当当，时刻都"忙"碌"。

用力过猛的行为/强迫行为：
- 试图冥想和阅读自助方面的书。
- 不停地盘算如何尽快退休。

我的感觉：
- 不满足
- 烦躁不安
- 沮丧
- 不满意

我的身体记忆：
- 父亲说，从事投资行业，赚够钱早早退休，是能够专心搞艺术的明智途径。
- 在一次很大的家庭派对上，父母对请来的乐师非常不好，不让他们和客人一起吃饭，而是让他们在厨房里吃饭。我见他们当成艺术家，但父母却把他们当成"雇来帮忙的人"。
- 注意到艺术老师穿着旧衣服，不知道这是不是因为她买不起新衣服，还是这只是她的穿衣风格。
- 朋友的父母指出我高中的哪些校友成了"成功人士"，哪些成了"失败者"。

我的想法：
- 一旦我赚够了钱，就有创作自由了。
- 无论你决定干什么，你都必须努力成为"佼佼者"。
- 如果我无法做到最好，那就没必要去做。
- 不安和不满是人生常态，每个人内心深处都是如此。
- 我有非常好的工作、家庭和朋友，我应该安于自己的感受，并心存感激。

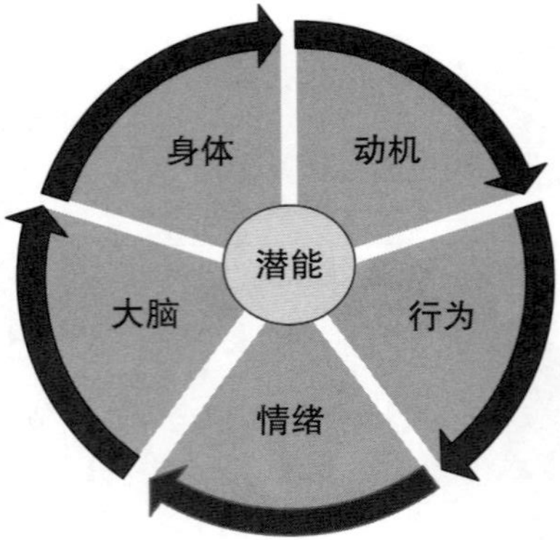

附图 -3　埃米莉的自我之轮（成功但不满足）

我的愿望：
· 被视为有领导潜力的人。
· 有自我价值感，有自信。
· 不觉得自己是个冒牌货，不觉得自己配不上自己的职位。

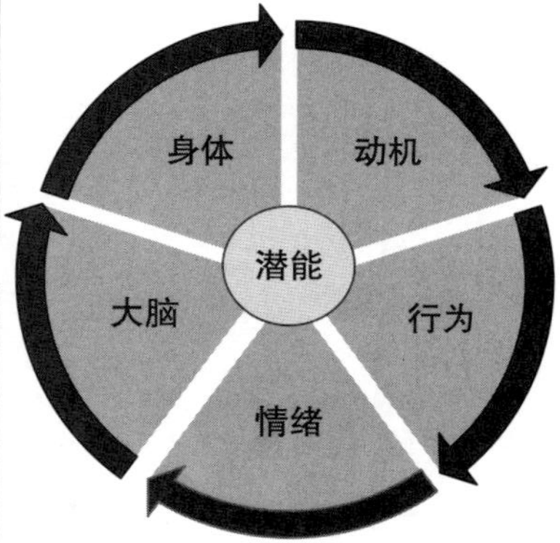

分散注意力行为：
· 经常浏览"领英"网站。
· 花很多时间看电视。
· 向家人和朋友抱怨老板和公司。
用力过猛的行为/强迫行为：
· 每天开会都想发言。
· 每天第一个到公司，最后一个离开公司。
· 下班后和节假日也回复电子邮件。
· 随时待命。

我的感觉：
· 焦虑
· 难过
· 生气
· 嫉妒

潜能

动机　行为　身体　大脑　情绪

我的身体记忆：
· 上小学时，数学老师叫人回答数学"难题"时故意不叫我，只有我一个人举手的时候也不叫我。
· 上高中时，有位我敬佩的老师让我课后留下来，跟我谈谈我上大学的计划。她说我去社区学院比去综合性大学更好，我会更"适应"社区学院。
· 有一天，我抱怨老板不认可我的工作，我妈妈说："你能有份工作已经很幸运了。"

我的想法：
· 也许我根本无法胜任领导工作，他们不提拔我是对的。
· 我不够聪明。
· 他们比我更了解我的潜力。
· 我不够优秀。
· 我必须正面思考。
· 如果我继续努力工作，他们会尊重我、提拔我。
· 我想升职是自私的，我应该为整个组织着想。
· 能有工作已经很幸运了，我最好不要惹麻烦。
· 世界应该是公正的。

附图 -4　艾莎的自我之轮（无法晋升）

致　谢

想法不是凭空产生的，它有它的传承。因此，我首先想感谢那些对我有所启迪的人。没有他们的观点、友谊和指导，我不可能构想出本书的内容。我要向基思·奥特利（Keith Oatley）致以最诚挚的谢意，他倾听了我的每一个想法，阅读了每一版草稿，在整个写作过程中对我这个写作新手鼎力相助，从来不吝鼓励、支持和帮助。米赫内亚·C.莫尔多韦亚努（Mihnea C. Moldoveanu）将我从抽象的学术世界带入现实世界——多伦多大学罗特曼管理学院。他设想并创建了独具特色的自我成长实验室，在这里，我们帮助真实的人们在生活中做出有意义的改变。埃伦·J.兰格（Ellen J. Langer）的才华和慷慨激励了无数人，我也是这无数人中的一个。我在读博期间每年的研究主题都有跨度很大的变化，我的导师J.B.彼得森（J. B. Peterson）耐心地指导我，帮助我找到了我最感兴趣的主题——成年人是如何成长的。

感谢我的学生们，感谢你们要求我写这本书。你们是我写这本书的原因，是你们的问题让我的思考更加敏锐。每当我感到疑惑时，我都会问自己："他们会觉得什么最有用？"由此得出的答案往往让我豁然开朗，继续写作下去。

感谢我的经纪人琳达·康纳（Linda Konner）、编辑萨拉·莫德林（Sarah Modlin）和尼尔·马耶（Neal Maillet），以及 Berrett-Koehler 出版公司的优秀团队，你们以作者为中心的出版理念完全超出了我的期望。感谢你们对我和这本书的信任。

我有幸拥有一群支持我的人——我的亲朋好友们，他们都或多或少地读过这本书，对书中的观点、措辞和标题提出了建议，并在过去七年里一直耐心地听我滔滔不绝地谈论这本书。谢谢你们！

作 者 简 介

马娅·吉基奇博士是多伦多大学罗特曼管理学院组织行为学和人力资源管理副教授、自我成长实验室主任和罗特曼高管教练证书课程学术主任。她还是性别与经济研究所的教学研究员。吉基奇博士专注于人格发展领域的研究，深耕如何发展平衡、灵活的自我的过程和

摄影：Caroline Lessa

方法。她发表和撰写了超过 35 篇关于人格发展的科学论文和书籍章节，其研究成果被 15 个国家的 50 多家媒体报道（包括《纽约时报》《科学美国人》以及知名网络杂志 *Salon* 和 *Slate*）。除了在罗特曼管理学院为 MBA 学生授课外，她还教授面向领导者的 EMBA 课程和定制高管课程。她的政府和企业客户包括安大略省卫生厅、联合健康网络、麦肯锡公司、

德勤、礼来制药、杰特贝林、永明金融、加拿大皇家银行、多伦多道明银行、Aird & Berlis 律师事务所、现代汽车加拿大分公司、微软、爱尔康、Right to Play、Open Text、Reach Out Centre for Kids、Loblaws 公司和美国第一资本投资国际集团。

注　释

引言

1. Paul T. Costa Jr. and Robert R. McCrae, "Set like Plaster? Evidence for the Stability of Adult Personality," in *Can Personality Change?*, ed. Todd Heatherton and Joel Weinberger (Washington, DC: American Psychological Association, 1994), 21–40, https://doi.org/10.1037/10143-002.
2. Emma Goldberg, "The $2 Billion Question of Who You Are at Work," *New York Times*, March 5, 2023, https://www.nytimes.com/2023/03/05/business/remote-work-personality-tests.html.
3. Sanjay Srivastava et al., "Development of Personality in Early and Middle Adulthood: Set like Plaster or Persistent Change?," *Journal of Personality and Social Psychology* 84, no. 5 (2003): 1041–1053, https://doi.org/10.1037/0022-3514.84.5.1041.
4. Eberhard Fuchs and Gabriele Flügge, "Adult Neuroplasticity: More than 40 Years of Research," *Neural Plasticity* 2014 (2014): 541870, https://doi.org/10.1155/2014/541870.
5. Norman Doidge, *The Brain That Changes Itself: Stories of Personal Triumph from the Frontiers of Brain Science* (New York: Penguin Books, 2007).

第 1 章

1. Gabor Maté, *When the Body Says No: The Cost of Hidden Stress* (Toronto: Vintage Canada, 2003).
2. Bessel van der Kolk, *The Body Keeps the Score: Brain, Mind, and Body in the Healing of Trauma* (New York: Penguin Books, 2015).
3. William B. Swann Jr. and Stephen J. Read, "Self-Verification Processes: How We

Sustain Our Self-Conceptions," *Journal of Experimental Social Psychology* 17, no. 4 (1981), 351–372, https://doi.org/10.1016/0022-1031(81)90043-3.

第 2 章

1. David Schkade and Daniel Kahneman, "Does Living in California Make People Happy? A Focusing Illusion in Judgments of Life Satisfaction," *Psychological Science* 9, no. 5 (1998): 340–346, https://doi.org/10.1111/1467-9280.00066.

2. Philip Brickman, Dan Coates, and Ronnie Janoff-Bulman, "Lottery Winners and Accident Victims: Is Happiness Relative?," *Journal of Personality and Social Psychology* 36, no. 8 (1978): 917–927, https://psycnet.apa.org/doi/10.1037/0022-3514.36.8.917.

3. Silje Steinsbekk et al., "Emotional Feeding and Emotional Eating: Reciprocal Processes and the Influence of Negative Affectivity," *Child Development* 89, no. 4 (July/August 2017): 1234–1246, https://doi.org/10.1111/cdev.12756.

4. Geoff MacDonald and Mark R. Leary, "Why Does Social Exclusion Hurt? The Relationship between Social and Physical Pain," *Psychological Bulletin* 13, no. 2 (2005): 202–223, https://doi.org/10.1037/0033-2909.131.2.202.

5. Naomi I. Eisenberger, Matthew, D. Lieberman, and Kipling D. Williams, "Does Rejection Hurt? An fMRI Study of Social Exclusion," *Science* 302, no. 5643 (2003): 290–292, https://doi.org/10.1126/science.1089134.

6. C. Nathan DeWall, Geoff MacDonald, and Naomi I. Eisenberger, "Acetaminophen Reduces Social Pain: Behavioral and Neural Evidence," *Psychological Science* 21, no. 7 (2010): 931–937, https://doi.org/10.1177/0956797610374741.

7. Kyle G. Ratner, Amanda R. Kaczmarek, and Youngki Hong, "Can Over-the-Counter Pain Medications Influence Our Thoughts and Emotions?," *Policy Insights from the Behavioural and Brain Sciences* 5, no. 1 (2018): 82–89, https://doi.org/10.1177/2372732217748965.

8. Konrad Lorenz and Niko Tinbergen, "Taxis and Instinctive Action in Egg-Retrieving Behavior of the Greylag Goose," in *Instinctive Behavior: The Development of a Modern Concept,* ed. Claire H. Schiller (New York: University Press, 1957), 176–208.

9. Robert A. Emmons and Cheryl A. Crumpler, "Gratitude as a Human Strength: Appraising the Evidence," *Journal of Social and Clinical Psychology* 19, no. 1 (2000): 56–69, https://doi.org/10.1521/jscp.2000.19.1.56.

10. Charlotte van Oyen Witvliet et al., "Gratitude Predicts Hope and Happiness: A Two-Study Assessment of Traits and States," *The Journal of Positive Psychology* 14, no. 3 (2019): 271–282, https://doi.org/10.1080/17439760.2018.1424924.

第 3 章

1. Raymond S. Nickerson, "How We Know—and Sometimes Misjudge—What Others Know: Imputing One's Own Knowledge to Others," *Psychological Bulletin* 125, no. 6 (1999): 737–759, https://psycnet.apa.org/doi/10.1037/0033-2909 .125.6.737.

2. Bertram Gawronski, "Theory-Based Correction in Dispositional Inference: The Fundamental Attribution Error Is Dead, Long Live the Correspondence Bias," *European Review of Social Psychology* 15, no. 1 (2004): 183–217, https://doi.org /10.1080/10463280440000026.

3. Mark Muraven and Roy F. Baumeister, "Self-Regulation and Depletion of Limited Resources: Does Self-Control Resemble a Muscle?," *Psychological Bulletin* 126, no. 2 (2000): 247–259, https://psycnet.apa.org/doi/10.1037/0033-2909.126.2.247.

4. Roy Baumeister et al., "Ego Depletion: Is the Active Self a Limited Resource?," *Journal of Personality and Social Psychology* 74, no. 5 (1998): 1252–1265, https:// doi.org/10.1037/0022-3514.74.5.1252.

5. Kathleen D. Vohs, Roy F. Baumeister, and Natalie J. Ciarocco, "Self-Regulation and Self-Presentation: Regulatory Resource Depletion Impairs Impression Management and Effortful Self-Presentation Depletes Regulatory Resources," *Journal of Personality and Social Psychology* 88, no. 4 (2005): 632–657, https://psycnet .apa.org/doi/10.1037/0022-3514.88.4.632.

6. Mark Muraven, Roy F. Baumeister, and Dianne M. Tice, "Longitudinal Improvement of Self-Regulation through Practice: Building Self-Control Strength through Repeated Exercise," *Journal of Social Psychology* 139, no. 4 (1999): 446–457, https://doi.org/10.1080/00224549909598404.

7. Jana Kühnel et al., "The Relevance of Sleep and Circadian Misalignment for Procrastination among Shift Workers," *Journal of Occupational and Organizational Psychology* 91, no. 1 (March 2018): 110–133, https://doi.org/10.1111/joop.12191.

8. Femke Beute and Yvonne A. W. de Kort, "Natural Resistance: Exposure to Nature and Self-Regulation, Mood, and Physiology after Ego-Depletion," *Journal of Environmental Psychology* 40 (December 2014): 167–178, https://doi.org/10 .1016/j.jenvp.2014.06.004.

9. Dianne M. Tice et al., "Restoring the Self: Positive Affect Helps Improve Self-Regulation following Ego-Depletion," *Journal of Experimental Social Psychology* 43, no. 3 (May 2007): 379–384, https://doi.org/10.1016/j.jesp.2006.05.007.

10. Yi-Yuan Tang, Michael I. Posner, and Mary K. Rothbart, "Meditation Improves Self-Regulation over the Life Span," *Annals of the New York Academy of Sciences* 1307, no. 1 (2014): 104–111, https://doi.org/10.1111/nyas.12227.

11. Shaowei Xue, Yi-Yuan Tang, and Michael I. Posner, "Short-Term Meditation In-

creases Network Efficiency of the Anterior Cingulate Cortex," *NeuroReport* 22, no. 12 (August 2011): 570–574, https://doi.org/10.1097/WNR.0b013e328348c750.

12. Patrick M. Egan, Edward R. Hirt, and Samuel C. Karpen, "Taking a Fresh Perspective: Vicarious Restoration as a Means of Recovering Self-Control," *Journal of Experimental Social Psychology* 48, no. 2 (March 2012): 457–465, https://doi.org/10.1016/j.jesp.2011.10.019.

13. Veronika Job, Carol S. Dweck, and Gregory M. Walton, "Ego Depletion: Is It All in Your Head? Implicit Theories about Willpower Affect Self-Regulation," *Psychological Science* 21, no. 11 (November 2010): 1686–1693, https://doi.org/10.1177/0956797610384745.

14. Glen A. Nix et al., "Revitalization through Self-Regulation: The Effects of Autonomous and Controlled Motivation on Happiness and Vitality," *Journal of Experimental Social Psychology* 35 (May 1999): 266–284, https://doi.org/10.1006/jesp.1999.1382.

15. Edy Greenblatt, Michael Allan Kirk, and Erin V. Lehman, *Restore Yourself: The Antidote for Professional Exhaustion* (Los Angeles: Execu-Care Press, 2007).

16. "Career Burnout," The Centre for Addiction and Mental Health (CAMH), accessed April 18, 2023, https://www.camh.ca/en/camh-news-and-stories/career-burnout.

17. Yee Kong Chow et al., "Limbic Brain Structures and Burnout—A Systematic Review," *Advances in Medical Sciences* 63, no. 1 (March 2018): 192–198, https://doi.org/10.1016/j.advms.2017.11.004.

18. Gabor Maté, *When the Body Says No: The Cost of Hidden Stress* (Toronto: Vintage Canada, 2004).

19. Sheina Orbell and Bas Verplanken, "The Automatic Component of Habit in Health Behavior: Habit as Cue-Contingent Automaticity," *Health Psychology* 29, no. 4 (2010): 374–383, https://psycnet.apa.org/doi/10.1037/a0019596.

20. Ellen J. Langer and Mihnea C. Moldoveanu, "The Construct of Mindfulness," *Journal of Social Issues* 56, no. 1 (Spring 2000): 1–9, https://doi.org/10.1111/0022-4537.00148.

21. Ellen J. Langer, *Counterclockwise: Mindful Health and the Power of Possibility* (New York: Ballantine Books, 2009).

22. Ellen J. Langer, "Matters of Mind: Mindfulness/Mindlessness in Perspective," *Consciousness and Cognition* 1, no. 3 (September 1992): 289–305, https://doi.org/10.1016/1053-8100(92)90066-J.

23. Alia Crum and Christopher Lyddy, "De-stressing Stress: The Power of Mindsets and the Art of Stressing Mindfully," in *The Wiley Blackwell Handbook of Mindfulness,* ed. Amanda Ie, Christelle T. Ngnoumen, and Ellen J. Langer (Hoboken, NJ: Wiley-Blackwell, 2014).

24. Ellen J. Langer et al., "Two New Applications of Mindlessness Theory: Alcoholism and Aging," *Journal of Aging Studies* 2, no. 3 (Autumn 1988): 289–299, https://doi.org/10.1016/0890-4065(88)90008-4.
25. Charles N. Alexander et al., "Transcendental Meditation, Mindfulness, and Longevity: An Experimental Study with the Elderly," *Journal of Personality and Social Psychology* 57, no. 6 (1989): 950–964, https://doi.org/10.1037/0022-3514.57.6.950.
26. Francesco Pagnini et al., "Mindfulness, Physical Impairment and Psychological Well-Being in People with Amyotrophic Lateral Sclerosis," *Psychology & Health* 30, no. 5 (October 2014): 503–517, https://doi.org/10.1080/08870446.2014.982652.

第 4 章

1. Nico H. Frijda, *The Laws of Emotion* (Mahwah, NJ: Erlbaum, 2007).
2. Nathan J. Emery et al., "The Effects of Bilateral Lesions of the Amygdala on Dyadic Social Interactions in Rhesus Monkeys (Macaca Mulatta)," *Behavioral Neuroscience* 115, no. 3 (2001): 515–544, https://psycnet.apa.org/doi/10.1037/0735-7044.115.3.515.
3. Rupa Gupta et al., "The Amygdala and Decision-Making," *Neuropsychologia* 49, no. 4 (March 2011): 760–766, https://doi.org/10.1016/j.neuropsychologia.2010.09.029.
4. Keith Oatley and Philip N. Johnson-Laird, "Towards a Cognitive Theory of Emotions," *Cognition and Emotion* 1, no. 1 (1987): 29–50, https://doi.org/10.1080/02699938708408362.
5. Amy F. T. Arnsten et al., "The Effects of Stress Exposure on Prefrontal Cortex: Translating Basic Research into Successful Treatments for Post-Traumatic Stress Disorder," *Neurobiology of Stress* 1 (January 2015): 89–99, https://doi.org/10.1016/j.ynstr.2014.10.002.
6. Brad J. Bushman, "Does Venting Anger Feed or Extinguish the Flame? Catharsis, Rumination, Distraction, Anger, and Aggressive Responding," *Personality and Social Psychology Bulletin* 28, no. 6 (June 2002): 724–731, https://doi.org/10.1177/0146167202289002.

第 5 章

1. Nelson Cowan, "George Miller's Magical Number of Immediate Memory in Retrospect: Observations on the Faltering Progression of Science," *Psychological Review* 122, no. 3 (2015): 536–541, https://psycnet.apa.org/doi/10.1037/a0039035.

2. Fernand Gobet and Herbert A. Simon, "Expert Chess Memory: Revisiting the Chunking Hypothesis," *Memory* 6, no. 3 (1998): 225–255, https://doi.org/10.1080/741942359.
3. Hans Gelter, "Why is reflective thinking uncommon?," *Reflective Practice* 4, no. 3, (2003): 337–344, https://doi.org/10.1080/1462394032000112237.
4. Gelter, "Why is reflective thinking uncommon," 341.
5. Peter M. Gollwitzer and John A. Bargh, "Automaticity in Goal Pursuits" in *Handbook of Competence and Motivation*, ed. Andrew J. Elliot, (New York: Guilford Press, 2005): 624–646.
6. Deirdre Barrett, "Dreams and Creative Problem-Solving," *Annals of the New York Academy of Sciences* 1406, no. 1 (October 2017): 64–67, https://doi.org/10.1111/nyas.13412.
7. Ellen J. Langer, *Mindfulness* (Boston: Addison Wesley, 1989).
8. Daniel T. Gilbert, Douglas S. Krull, and Patrick S. Malone, "Unbelieving the Unbelievable: Some Problems in the Rejection of False Information," *Journal of Personality and Social Psychology* 59, no. 4, (1990): 601–613, https://psycnet.apa.org/doi/10.1037/0022-3514.59.4.601.
9. Ap Dijksterhuis et al., "On Making the Right Choice: The Deliberation-without-Attention Effect," *Science* 311, no. 5763 (2006): 1005–1007, https://doi.org/10.1126/science.1121629.
10. Daniel Kahneman, *Thinking, Fast and Slow* (New York: Farrar, Straus and Giroux, 2011).
11. Nicolas Porot and Eric Mandelbaum, "The Science of Belief: A Progress Report," *Wiley Interdisciplinary Reviews: Cognitive Science* 12, no. 2 (March/April 2021): 1539, https://doi.org/10.1002/wcs.1539.
12. Timothy C. Brock and Joe L. Balloun, "Behavioral Receptivity to Dissonant Information," *Journal of Personality and Social Psychology* 6, no. 4 (1967): 413–428, https://psycnet.apa.org/doi/10.1037/h0021225.

第 6 章

1. John Bowlby, *A Secure Base* (London: Routledge, 2005), https://doi.org/10.4324/9780203440841.
2. Basira Salehi, M. Isabel Cordero, and Carmen Sandi, "Learning Under Stress: The Inverted-U-Shape Function Revisited," *Learning and Memory* 17, (2010): 522–530, http://www.learnmem.org/cgi/doi/10.1101/lm.1914110.
3. James McGaugh and Benno Roozendaal, "Role of Adrenal Stress Hormones in Forming Lasting Memories in the Brain," *Current Opinion in Neurobiology* 12, no. 2 (April 2002): 205–210, https://doi.org/10.1016/S0959-4388(02)00306-9.

4. Benno Roozendaal, Bruce S. McEwen, and Sumantra Chattarji, "Stress, Memory, and the Amygdala," *Nature Reviews Neuroscience* 10 (May 2009): 423–433, https://doi.org/10.1038/nrn2651.

5. David Finkelhor, "Trends in Adverse Childhood Experiences (ACEs) in the United States," *Child Abuse & Neglect* 108 (October 2020): 104641, https://doi.org/10.1016/j.chiabu.2020.104641.

6. George W. Brown and Tirril Harris, *Social Origins of Depression: A Study of Psychiatric Disorder in Women* (London: Tavistock, 1978).

7. George A. Bonanno, "Loss, Trauma, and Human Resilience: Have We Underestimated the Human Capacity to Thrive after Extremely Aversive Events?," *American Psychologist* 59, no. 1 (2004): 20–28, https://doi.org/10.1037/0003-066X.59.1.20.

8. Richard G. Tedeschi and Lawrence G. Calhoun, "Posttraumatic Growth: Conceptual Foundations and Empirical Evidence," *Psychological Inquiry* 15, no. 1 (2004): 1–18, https://doi.org/10.1207/s15327965pli1501_01.

9. Per Bak and Kan Chen, "Self-Organized Criticality," *Scientific American* 264, no. 1 (January 1991): 46–53, http://www.jstor.org/stable/24936753.

10. Katie Witkiewitz and G. Alan Marlatt, "Modeling the Complexity of Post-Treatment Drinking: It's a Rocky Road to Relapse," *Clinical Psychology Review* 27, no. 6 (July 2007): 724–738, https://doi.org/10.1016/j.cpr.2007.01.002.

11. Adele M. Hayes et al., "Change is Not Always Linear: The Study of Nonlinear and Discontinuous Patterns of Change in Psychotherapy," *Clinical Psychology Review* 27, no. 6 (July 2007): 715–723, https://doi.org/10.1016/j.cpr.2007.01.008.

12. R. R. Vallacher, S. J. Read, and A. Nowak, "The Dynamical Perspective in Personality and Social Psychology," *Personality and Social Psychology Review* 6 (2002): 264–273, https://doi.org/10.1207/S15327957PSPR0604_01.

13. Jennifer L. Pals and Dan P. McAdams, "The Transformed Self: A Narrative Understanding of Posttraumatic Growth," *Psychological Inquiry* 15, no. 1 (2004): 65–69, https://www.jstor.org/stable/20447204.

14. Arnold van Gennep, *The Rites of Passage* (Chicago: The University of Chicago Press, 2019).

15. Aldo Cimino, "The Evolution of Hazing: Motivational Mechanisms and the Abuse of Newcomers," *Journal of Cognition and Culture* 11, no. 3–4 (2011): 241–267, https://doi.org/10.1163/156853711X591242.

16. Bessel A. van der Kolk, *The Body Keeps the Score: Brain, Mind, and Body in the Healing of Trauma* (New York: Viking Penguin, 2014).

17. James W. Pennebaker and John F. Evans, *Expressive Writing: Words That Heal* (Bedford, IN: Idyll Arbor Inc, 2014).

18. van der Kolk, *The Body Keeps the Score*, 241–308.

19. Daniel L. Schacter, "The Seven Sins of Memory: Insights from Psychology and Cognitive Neuroscience," *American Psychologist* 54, no. 3 (1999): 182–203, https://psycnet.apa.org/doi/10.1037/0003-066X.54.3.182.
20. Bessel A. van der Kolk and Rita Fisler, "Dissociation and the Fragmentary Nature of Traumatic Memories: Overview and Exploratory Study," *Journal of Traumatic Stress* 8, no. 4 (October 1995): 505–525, https://doi.org/10.1007/BF0 2102887.
21. Julie Krans et al., "Intrusive Trauma Memory: A Review and Functional Analysis," *Applied Cognitive Psychology* 23, no. 8 (November 2009): 1076–1088, https://doi.org/10.1002/acp.1611.
22. Pennebaker and Evans, *Expressive Writing*.
23. Keith Oatley and Maja Djikic, "Writing as Thinking," *Review of General Psychology* 12, no. 1 (2008): 9–27, https://doi.org/10.1037/1089-2680.12.1.9.
24. van der Kolk, *The Body Keeps the Score*.